고려인
그 슬프고도 아름다운 이야기

김정복 수기집

고려인
그 슬프고도 아름다운 이야기

문학秀

카자흐스탄 고려인과 함께한 15년의 수기

| 책머리에 |

필자는 한국에서 초·중·고 교사로 35년간 근무하고, 중등학교 교감 발령을 앞둔 2000년 2월 말 명예퇴직하였습니다. 그리고 그해 10월 초 퇴직금을 챙겨 중앙아시아 카자흐스탄으로 날아가 현지 대학과 한국교육원에서 15년간 자원봉사하였습니다.

이 책은 2000년에서 2015년까지 15년 동안 중앙아시아 카자흐스탄에서 봉사 활동하면서 보고 듣고 체험한 내용을 수필 형식으로 기록한 글입니다.

출국하는 날부터 귀국할 때까지 그날그날의 활동 상황을 간략히 기록으로 남겼는데 두꺼운 대학노트 일곱 권의 분량이 되었습니다. 봉사활동 내용 전체를 한 권의 책에 담기에는 버거워 우선 고려인이 관련된 이야기만을 뽑아서 한 권의 책으로 엮었습니다.

이 책의 1부와 2부의 글은 고려인들과 생활하면서 겪은 저의 체험 수기입니다. 그리고 3부에서는 고려인 노인대학 졸업생 중 자신의 생애담을 제출한 고려인 어르신 21명의 살아온 이야기를 담았습니다.

고려인에 대한 연구논문과 서적이 꽤 나와 있습니다만, 15년 이상 긴 시간을 고려인과 대면하여 생활하면서 실제적인 체험에 바탕을 두고 쓴 책은 찾기가 쉽지 않습니다.

  이 책이 고려인을 이해하는 데 도움이 되기를 바랍니다. 혹시라도 은퇴 후에 해외 봉사의 꿈을 가진 분이 계신다면 다소나마 참고가 되었으면 좋겠습니다. 아무쪼록 이 책을 읽는 분들께서 고려인들에게 관심을 더 가져주시고, 같은 동족인 고려인들을 더 깊이 이해하고 사랑해 주시길 바랍니다. 이 책이 나오기까지 여러모로 도움을 주신 분들께 감사의 말씀을 드립니다.

2025년 여름
청주 수곡동에서
저자 김 정 복

| 추천의 글 |

　내가 김정복 장로님을 알게 된 것은 2004년부터다. 2004년은 나의 선교 사역에 있어 가장 어려운 시기를 보내고 있을 때였다. 김정복 장로님과 이공순 권사님이 어린 손녀 수민이를 데리고 3년여간의 침켄트 사역을 정리하고 알마티로 오신 것이다. 곧바로 시온교회로 나오셨고 그때부터 장로님과 권사님은 우리 사역에 큰 위로와 도움이 되어 주셨다.

　김 장로님은 한국에서 35년간의 교직 생활을 은퇴하고, 제2의 인생으로 카자흐스탄에 오셔서 많은 일을 하였다. 이 나라 외국어 대학교와 알마티 한국교육원에서 한글과 한국의 문화를 가르치고 전파하는 일을 하였는데, 수많은 그의 제자들이 중요한 자리에서 중요한 일들을 맡아 하고 있다. 특히 고려인들을 위하여 노인대학을 열고 온 힘과 정성을 쏟아 많은 일을 하였다.

　이번에 그동안 고려인들을 섬겨온 내용을 중심으로 책을 출판한다며 부족한 내게 추천의 글을 부탁했는데 너무 기쁘고 영광스러웠다. 그렇지만 막상 쓰려니 장로님의 글에 누가 되지는 않을까 염려스럽기도 하다.

  장로님이 고려인을 섬기는 데는 특별한 의미가 있다. 같은 민족이지만 원치 않는 상황에 의하여 민족의 정체성과 한국인으로서의 기본을 잃어버린 사람들이기에 동포애가 발동한 것이다.

  고려인이란 누구를 말하는 것인가?

  '고려인' 하면 1937년 우수리스크나 블라디보스토크에 거주하고 있던 한국인들이 스탈린에 의해 중앙아시아로 강제로 이주당한 사람들만을 이야기하는 경우가 많다. 그렇지만 그들만을 고려인이라고 말하는 것은 잘못이다. 1937년 이전, 일제 강점기에 이미 많은 독립운동가가 중앙아시아로 옮겨와 조국의 독립운동을 도우며 중앙아시아에 정착하게 되었고, 최재형을 비롯하여 홍범도 장군, 민긍호 장군, 이동휘, 최만학, 계봉우 등 많은 독립운동가 가족이 이곳 중앙아시아에 살았다. 지금도 이분들 자손이 중앙아시아 곳곳에 살고 있다. 그렇지만 이들의 자손들은 소련 치하에 살게 되므로 민족의 정체성과 모국어를 잃어버리게 되었고, 그 후 1937년 스탈린에 의하여 강제로 이주당한 고려인들이 중앙아시아 곳곳에 배치되어 살게 된 것이다. 이들은 한민족이면서 한국인의 전통과 문화와 언어를 잃어버리고 타향살이를 하는 사람들이 되었다.

　김 장로님은 이들에게 잃어버린 민족정신을 심어주려 한 것이다. 이들도 우리 동포들이고 우리 형제이기에 이들에게 언어와 전통음식과 한국 역사와 전통문화를 회복시키려 한 것이다. 그냥 가르치는 것만이 아니라 직접 이들에게 모국을 방문할 기회를 제공함으로 더욱 일체감을 느끼게 하자는 것이었다. 그렇게 함으로 이들에게는 잃었던 조국을 찾게 해주고, 한국은 잃었던 동포를 찾게 해주자는 숭고한 마음에서 이 일을 20여 년 동안 끈기 있게 추진해 온 것이다.

　이러한 사역은 아무나 할 수 있는 것이 아니다. 많은 사람이 고려인을 돕는다고 하면서 자기 이름이나 내려 하고, 돈으로 나타내려 하고, 일회적인 일들을 만들지만, 김 장로님은 그들 속에 들어가서 그들과 함께 살아가며 그들의 애환을 보고 그들을 도우려 하는 것이라 더욱 의미가 크다. 겉으로 드러나는 도움만을 주는 것이 아니라 이들에게 민족의 자긍심을 심게 하는 것이다. 고려인들도 장로님의 이러한 사심 없는 사랑에 감복하고 그를 믿고 충심으로 따르게 된 것이다. 이러한 사랑은 85세의 노령의 나이임에도 지금도 여전히 계속하고 있다.

많은 사람이 은퇴 후 평안한 삶을 원하지만, 의미 있는 삶을 살지는 못하는 것 같다. 이제 장로님의 책은 오늘날 백세시대를 살아가는 사람들에게 은퇴 후 어떻게 살아야 하는지를 보여주는 귀한 지침서 같은 책이 될 것이다. 특히 신앙인으로서 그리스도의 사랑을 어떻게 실천하며 사는지를 보여주는 책이다.

장로님은 하나님이 주신 은퇴 후의 삶을 덤으로 주신 삶으로 알고, 가장 의미 있고 가장 선한 영향력을 끼치는 삶을 카자흐스탄에 오셔서 그 길을 찾으셨다. 그리고 온 힘과 정성으로 고려인들과 카자흐 현지인들을 사랑하며 그리스도의 사랑을 실천하고 있다. 이 책에 그 내용이 담겨 있기에 더욱 강하게 추천하며 일독이 아니라 다독하기를 권하는 바이다.

김상길(선교사, 알마티 시온선교센터 센터장)

| 추천의 글 |

이 책의 저자 김정복 선생님을 처음 만난 것은 2005년이었습니다. 교육부 지원을 받아 중앙아시아 고려인의 구전설화를 조사하러 카자흐스탄 알마티에서 6개월간 지낼 때 처음 만났지요. 20년간 지속 중인 만남입니다.

김 장로님은 작은 거인입니다. 체구도 작고 말씀도 가만가만하지만, 무슨 일이든 주도면밀한 계획에다 불도저 같은 추진력으로 척척 해냅니다. 기도회든 한글학교 운영이든 고려인 모국 방문이든, 엄두가 나지 않는 일들을 너끈히 감당합니다.

김 선생님은 착한 사마리아인입니다. 누구든지 만나면 지극 정성으로 도와주고 싶어 합니다. 카자흐스탄 한인 가운데 가장 성공해, '카자흐스탄의 전설'로 불리는 레드스톤 배대환 대표를 도운 일화는 유명합니다. 한국에서 쫄딱 망해 카자흐스탄에 와서 보일러 사업을 시작할 때, 혈연도 지연도 학연도 없건만, 선뜻 퇴직금 전액을 빌려주었다는 미담이죠. '카자흐스탄 전설의 전설'이라 하겠습니다.

이런 김 선생님이 쓴 책답게 이 책은 특별합니다. 카자흐스탄에서 고려인을 대상으로 자원봉사한 15년간의 경험을 고스란히 담고 있습니다. 먹고 살기 위해서가 아니라 봉사하기 위해 건너가, 보통 사람은 엄두가 나지 않을 일을 묵묵히 자발적으로 감당한, 작은 거인이자 착한 사마리아인의 아름다운 발자취가 아로새겨져 있습니다. 김 선생님은 꼼꼼함도 겸비해, 그때그때 자세히 기록해 둔 것을 정리하였기에, 독자들로 하여금 그 사역의 현장 분위기를 그대로 느낄 수 있게 합니다.

이 책 페이지마다, 초·중·고 교사로 35년간 근무했던 교육자로서의 전문성, 교회 장로로서 체득한 겸손한 리더십이 물씬물씬 풍깁니다. 전문성을 살려 인생 이모작을 꿈꾸는 분들에게 소중한 자극이 될 만합니다.

모두 3부로 이루어진 이 책의 1부는 고려인을 만난 이야기입니다. 고려인들의 돌잔치, 결혼식, 장례, 명절, 축제에 참여한 체험을 전하고 있어 궁금증을 해소해 줍니다. 우리처럼 돌잡이 풍습이 이어지는 점, 장례 때 명정을 쓰는 점, 한식날 조상 묘소에 성묘하는 모습 등은, 고려인이 한반도의 우리와 문화적 동질성을 공유하고 있다는 사실을 확인시켜 줍니다. 고려인의 가정을 방문한 사연도 여럿 있는데, 1세대 고려인이 지닌 강제 이주의 아픈 기억도 알게 합니다. 박 넬리 교수의 가정 방문 때는 나도 동행한 경우라서 감회가 새로웠습니다. 그때 증언해 준 1세대 고려인은 이미 고인이 되었으니, 김 선생님의 이 책은 귀한 역사 자료가 될 것입니다.

2부에는 고려인 가운데 독립운동을 하신 분들의 유적지, 이분들을 기념하는 행사에 참석한 이야기입니다. 지금은 우리나라에 옮겨왔으나 당시 카자흐스탄 크즐오르다에 있던 홍범도 장군의 묘소를 참배한 사연, 우리에게는 생소하지만, 현지에서 한글 연구로 유명한 계봉우 선생의 업적을 소개한 것, 간도 15만 원 탈취 사건의 주역 최봉설 독립운동가와 그 손녀에 관한 이야기 등도 기억해야 할 일입니다.

3부는 고려인 노인대학에서 김 선생님한테 한국어와 한국 역사를 공부한 1, 2기 졸업생들의 간략한 생애담입니다. 1세대는 대부분 작고해, 이 책에는 대부분 2세, 3세들이 살아온 이야기가 실려 있습니다. 스토리

텔링 작가들이 이 자료를 활용해 다양한 형태의 콘텐츠를 개발하였으면 좋겠다는 생각이 듭니다. 고려인들의 평생소원이던 모국 방문을 기획해 무려 9차까지 성사시킨 김 선생님의 사역이 고려인들에게 얼마나 큰 감격이었는지도 이들 생애담에 잘 나타나 있습니다. 한 사람의 영향력이 얼마나 큰지 실감합니다.

고려인에 대해 조금이라도 관심이 있는 분들, 해외 선교와 봉사에 관심 있는 분들에게 이 책을 강력히 추천하고 싶습니다. 인생 2모작을 보람 있게 가꾸고 싶은 모든 분께 일독을 권장합니다.

이복규(서경대 명예교수)

| 차례 |

책머리에 • 6
추천의 글 | 김상길(선교사, 알마티 시온선교센터 센터장) • 8
　　　　　 이복규(서경대 명예교수) • 12

1부_ 내가 만난 고려인

고려인과의 첫 만남 • 20
고려인 예술축제 • 24
고려인이 세운 도스타르 국제학교 • 28
고려인 돌잔치 • 33
고려인 청년과 위구르족 처녀의 결혼식 • 38
고려인의 한식날 • 43
우슈토베, 바스토베 • 47
류종귀 할아버지의 사연 • 54
고려말 박사 박넬리 교수 • 60
천재 음악가 정추 선생 작곡발표회 • 65
양원식 선생과의 만남 • 71
고려인 어르신들의 한글 교실 • 77
한국, 이렇게 좋은 나라인 줄 몰랐어요 • 85
고려인들과 함께한 설악산 단풍 여행 • 93

II부_ 한국 독립을 위해 싸운 고려인 이야기

내가 만난 홍범도 장군 • 102

독립운동가 계봉우 선생 • 108

간도 15만 원 사건의 주역 최봉설과 손녀 최 마야 • 112

알마티에 메아리친 대한독립 만세 • 116

순국선열의 날 • 121

고려인 광복절 • 126

고려일보 창간 90주년 • 131

민족문화 지킴이 고려극장 • 136

III부_ 황무지에 꽃을 피운 고려인 이야기

김 스베틀라나 • 144

김 스베틀라나 니꼴라예브나 • 155

김 예브게니 페트로비치 • 161

김옥자(김 나제스다 니콜라예브나) • 166

김 타마라 디미트리예브나 • 171

리 블라디미르 니골라예비츠 • 177

민 타찌야나 산보예브나 • 186

박 뽈리나 • 192

서 게르만 • 198

서 엘레오노라 보레노브나 • 201

서 펠릭스 알렉세예비치 • 206

신 이리나 자하로브나 • 216

심 타마라 니콜라예브나 • 223

염 니나 테렌티예브나 • 230

유 타마라 페트로브나 • 234

정 발레리 아나톨리예비치 • 242

차 림마 • 247

채 예브게니야 벤세고브나 • 258

최 자랴 • 262

한 스베틀라나 막시모브나 • 270

현 잔나 미하일로브나 • 276

제1부

내가 만난 고려인

고려인과의 첫 만남

내가 처음 고려인을 만난 것은 2000년 8월이었다. 당시 우리 교회가 후원하는 신학교 졸업식에 참석하기 위해 카자흐스탄 남부 도시인 쉼켄트를 일주일간 방문한 적이 있었다. 졸업식에서 통역을 맡은 사람이 고려인이었다. 사십 대 중반으로 보이는 부인인데 얼굴 모습이나 몸매가 내 막내 누이랑 거의 비슷한 영락없는 한국인 모습이어서 첫 만남이었지만 호감이 갔다.

졸업식을 마치고 사석에서 이야기를 나눌 기회가 있어 실례를 무릅쓰고 궁금한 점 몇 가지를 물어보았다. 이름은 윤 알라, 나이는 45세이며 슬하에 대학 3학년생인 열아홉 살 아들이 있다. 지난해 그 아들이 결혼해서 분가해 사는데 금년 손자를 보았다. 며느리도 대학생이다. 자신은 신학교 한국어과에서 한국어를 배워 통역할 정도가 되었지만, 평시에는 러시아어를 사용한다고 했다.

두 번째로 만난 고려인은 남카자흐스탄주 고려인협회 회장인 안 알렉 보리스비치 씨였다. 50대 초반인 남자인데 굉장히 당차게 생겼고 눈에서 날카로운 빛이 나오는 인상을 받았다. 구소련 통치 시절 정보부(KGB) 요원이었다고 하는데 소련이 해체되고 카자흐스탄이 독립 국가가 되었지만, 아직도 옛 소련 시절 얻은 직책을 무시당하지 않아 쉼켄트에서는 알아주는 위치에 있다고 하였다. 이분은 쉼켄트에 들어오는 한국인들에게 여러 가지로 도움을 주고 있다는 말을 들었다. 한국인이 낯선 땅에 들어와 어려운 문제에 부닥칠 때 적극적으로 나서서 도와준다는 것이다. 우리 일행이 쉼켄트를 방문했을 때도 안내하며 수고를 하였다. 한국말을 제법 하는 편인데 능숙하지는 못했다.

그해 10월 쉼켄트에 들어가서 한 달쯤 지났을 때다. 20대 초반의 청년이 찾아왔다. 통역사 윤 알라 씨를 통해서 찾아온 용건을 물어보았다. 할아버지가 돌아가셨는데 관상명정(棺上銘旌)을 써 달라며 붉은 천을 꺼내놓았다. 관상명정을 써 본 경험이 없는 나로서는 어찌해야 좋을지 망설였다. 그렇다고 쓸 줄 모른다고 돌려보낼 수도 없고 해서 일단 써 보기로 했다. 그래서 성씨와 본을 물으니, 성은 '텐'이고 본은 '천주'라고 한다. 한국 성씨 중에 '텐' 씨는 없는데 도대체 '텐' 씨가 무슨 성씨인가 궁금하여 일찍 이곳에 들어온 선교사에게 물어보았더니 '정' 씨일 거라고 한다. 과거 소련의 지배를 받으면서 러시아어가 공용어인데 러시아어에 'ㅇ'(ng) 발음이 없어 '정'을 영어로 'Ten'으로 적고, '텐'으로 발음한다는 것이다. 그렇다면 '천주'는 '청주'이겠다 싶어 '청주 정씨로 하자.'고 하고 명정을 쓰기로 했다. 그런데 막상 글씨를 쓰려고 하니 붓은 하나 있는데 흰색 페인트가 없다. 내가 난처해하자 윤 알라는 우유에 흰 분필 가루를 개어서 쓰면 된다고 일러준다.

"오, 이런 방법도 있구나. 궁하면 통한다고. 그래 한번 써 보자!"

알라 씨가 일러준 대로 우유를 가져다가 접시에 붓고 칠판에서 분필 가루를 긁어모아 접시에 타서 골고루 저은 다음 붓으로 찍어 우선 시험적으로 써 보았더니 글씨가 희미하게 나타났다. 긴 테이블 위에 신문지를 깔고 그 위에 붉은 천을 펴놓았다. 한자로 쓸까 하다가 한글로, 쓰기로 하였다. 여기 고려인들이 한자도, 한글도 모르고 러시아어만 알고 있는데 굳이 어려운 한자로 쓸 필요가 있겠나 싶어 한글로 쓰기로 했다. 한 자 한 자 정성을 다했다.

'고 청주 정씨 안드레이의 영구'

써 놓고 보니 그런대로 괜찮아 보였다. 반 시간 정도 지나니 물기가 말랐다. 그런데 물기가 마르면서 글씨가 희미해지는 게 아닌가. 그래서 접시에 분필 가루를 더 넣고 개어 써 놓은 글자 위에 덧칠했더니 제법 흰 글씨가 또렷해졌다. 물기가 마른 뒤 곱게 접어 청년에게 건네주니 주머니에서 500텡게(한화 4,000원) 지폐를 하나 꺼내어 내게 준다. "나 이런 거 받지 않는다." 하고선 돈을 돌려주니 고맙다며 정중히 인사를 하고 간다.

고려인, 그들은 누구인가?

한반도를 떠나 이역만리 타국에서 오랜 세월 살면서 우리 말과 글을 다 잊어버리고 타민족의 문화에 동화되어 민족성을 상실하고 살아온 한민족의 후손이 아니던가. 그런데 아직도 옛 조상의 나라 풍습을 지키고 있다니……. 오늘 관상 명정을 쓰면서 내가 앞으로 이들을 위해 해야 할 일이 무엇일까를 곰곰이 생각해 보는 계기가 되었다.

고려인 예술축제

카자흐스탄 쉼켄트에 들어오고서 얼마의 시간이 지난 어느 날 남카자흐스탄 주 고려인협회 회장인 안 알렉 씨가 찾아왔다. 고려인 예술축제를 시내 극장에서 여는데 부탁할 일이 있어 왔다고 한다. 극장 전면에 부착할 현수막에 한글로 격문을 써 달라는 것이었다.

안 회장의 말을 듣고 '이런 축제가 있는가?' 호기심이 일어나면서 그렇다면 무어라고 써 붙이면 좋을지 생각하기 시작했다. 이런저런 글귀를 생각해 보았으나 얼른 가슴에 와닿는 글귀가 생각이 나지 않는다. '고려인의 행사에 적합한 글귀라……' 떠오르는 글귀를 우선 종이에 적어 보았다. 적어놓은 글귀를 몇 번이고 소리 내어 읽고 또 읽으면서 가장 마음에 드는 글귀 하나를 선정했다.

"한글을 배우자! 조국을 알자!"

안 회장과 함께 시장에 가서 검정 페인트를 사 왔다. 컴퓨터로 글자 한 자씩 뽑아 면도날로 오려내고 흰색 천에 스프레이를 뿜어 현수막을 완성했다. 생전 처음 해보는 서툰 솜씨라 면도날에 손가락을 베기도 했지만, 동포의 큰 행사에 작은 일이지만 봉사한다고 생각하니 마음은 뿌듯했다.

 드디어 2000년 10월 21일 토요일. 행사의 날, 아침부터 비가 부슬부슬 내리는 궂은 날씨인데도 700석 극장 좌석이 꽉 찼다. 오전 11시가 되자 한국의 전통악기인 장구를 둘러멘 한복 입은 아가씨 4명이 신나게 장구를 치며 무대 위를 두어 바퀴 돌고 무대 뒤로 사라진다. 곧이어 한복을 곱게 차려입은 여자 청년과 검은 양복으로 정장을 한 남자 청년이 무대 중앙에 등장한다. 한복 입은 여 청년이 서툰 한국말로 행사 개회를 알리는 인사말을 하자 옆의 청년이 유창한 러시아말로 통역한다.
 두 청년이 물러나자 안 알렉 회장이 등단하여 러시아어로 개막 인사를 하고 내빈을 소개하면서 한 명씩 호명하니 정장 차림의 내빈 11명이 무대 위로 올라가 일렬로 선다. 그중 네 분이 러시아어로 축하의 말을 한다. 내빈 축사가 끝나고 하단하자 본격적인 공연이 시작되었다.

 제일 먼저 연녹색 치마에 붉은 저고리를 입은 60대 할머니 아홉 명이 나와 우리 민요 아리랑을 합창하였다. 다음은 한복 소녀 6명의 부채춤이 이어졌고, 한복 여인 8명의 '군세어라 금순아' 노래 제창, 한국 전통 세배하는 법, 색동옷 입은 30번 학교 초등학생들의 아리랑 민요에 맞춘 한국 춤, 한복 입은 할머니의 한국노래 독창, 중등 학생 8명의 댄스, 초등 남녀 학생의 한국어 동시 낭독, 무희 복장을 한 청년 남녀 4명의 댄스, 태권도 시범, 30번 학교 학생들의 소고춤, 여학생 2중창, 색동옷 소녀 6명의 중창 순으로 공연이 진행되었고, 회장의 마지막 인사와 감사장 수여를 끝으로 1시간 30분간에 걸친 행사의 막이 내렸다.

장구, 한복, 한국가요, 아리랑, 세배, 태권도, 소고춤, 색동옷 등 한민족의 정취를 물씬 풍기는 고려인들의 무대였다. 먼 이국땅에서 고국의 정서를 맛보게 된다니……

1937년 겨울, 함경도 넘어 러시아 땅 연해주에서 강제 이주한 고려인들이 반세기 이상 중앙아시아 카자흐스탄 땅에 정착하여 살고 있는데, 이주민 1세대는 대부분 세상을 떠났다. 이들의 젊은 후손들은 이민족과 함께 살면서 현지 문화에 동화되어 조국의 언어, 풍습, 전통 등을 거의 잊어버렸다. 그러나 자신들의 뿌리를 찾고자 하는 고려인 유지들이 조국의 문화를 잊지 않으려고 이러한 문화예술행사를 해마다 개최하고 있다고 한다. 비록 내용이 알차지 못하고 준비도 부족한 면이 많았지만, 조국을 잊어가는 후세들에게 한민족의 뿌리를 기억하게 해준다는 점에서 매우 의미 있고 바람직한 행사라고 보면서 처음 참관한 나로서는 깊은 감명을 받았다. 다만 여인들이 입은 한복이 빛바랜 낡은 옷이어서 한국의 오늘날 발전된 모습과는 거리가 있었고, 태권도가 북한식이어서 수십 년간 사회주의 공산 체제하에서 살아온 모습을 드러내 보였다.

이들에게 자신들의 진정한 조국은 대한민국임을 알려주는 일이 필요

하겠다고 생각했고, 한국 정부의 지원이 절실하다는 생각이 들었다. 이곳에서 고려인들을 위해 내가 할 수 있는 일이 무엇일까를 다시 한번 곰곰이 생각해 보는 시간이 되었다.

고려인이 세운 도스타르 국제학교

5월 25일 손녀가 다니는 도스타르 쉬콜라 졸업식을 참관했다. 10시에 졸업식이 시작되었다. 운동장이 졸업식장이다. 학교 건물 입구 쪽에 오색 풍선으로 아치를 만들어 세우고 재학생, 학부모, 교직원들이 ㄷ자형으로 늘어서 있다. 남녀 학생 두 명이 마이크를 손에 잡고 사회를 본다. 개회사에 이어 팡파르가 울리면서 졸업생이 담임교사를 선두로 꽃을 들고 현관을 나와 늘어선 대열 앞을 한 바퀴 돌아 왼쪽으로 가서 멈춰 선다.

내빈으로 참석한 알마티 시장이 나와 마이크 앞에 서서 축사의 말을 한다. 이어서 학교장의 식사가 이어졌는데 학교장은 꽤 길게 원고도 없이 졸업생 한 사람 한 사람의 이름을 부르며 개개인에 대한 신상과 그 학생에게 알맞은 축복의 말을 한다. 졸업생 수가 열한 명이어서 가능하다고 하겠지만 교장이 학생 하나하나에 대한 신상을 파악하고 일일이 축복의 말을 해주는 것이 퍽 인상적이다.

학교장의 식사가 끝나자, 재학생 중 열한 명이 앞에 나와 축가를 부른다. 졸업생 대표의 답사가 이어진다. 풍선 11개가 푸른 하늘로 날아오

도스타르 국제학교 졸업식

른다. 이어서 흰 비둘기 11마리가 두 날개를 펼치고 힘차게 날아간다. 미래를 향해 벅찬 희망을 품고 교문을 떠나는 졸업생 11명을 상징하는 것 같다. 이어서 졸업생 학부모를 대표한 어머니가 감격에 찬 목소리로 학교 당국에 대한 감사의 말씀과 졸업생들에게 축하와 당부의 인사말을 꽤 길게 한다. 다음에는 졸업생 모두가 한 사람씩 마이크 앞에 나와 졸업 소감을 발표한다. 담임교사가 나와 간단하게 인사말을 한 후 졸업생 앞으로 다가가 한 사람 한 사람 볼에 키스하며 작별의 인사를 한다. 마지막으로 졸업생이 모두 중앙으로 나와 왈츠곡에 맞춰 짝을 이루어 춤을 춘다. 시상님과 교장 선생님도 나가 여학생과 손을 잡고 왈츠를 춘다. 한바탕 신나게 춤을 추고 나자 어린 꼬마 남학생들과 여학생들이 짝을 지어 손에 든 작은 종을 울리며 대열 앞을 한 바퀴 돌자, 졸업식이 모두 끝났다. 아주 개방적이고 즐거운 축제의 한 마당이었다. 한국에서 엄숙한 분위기의 졸업식만 보아온 내게 신선한 충격이었다.

운동장에서 졸업식 행사가 끝나고 전 학년 학생들이 모두 자기 교실로 입실하여 학급별로 수료식을 한다. 이 나라는 유럽식이어서 8월 말에 새 학년을 시작하고 5월 25일에 전국의 모든 쉬콜라가 졸업식 겸 종업식을 하고 3개월의 긴 여름방학에 들어간다.

지난 3월 5일 아침, 이 학교에 처음 왔을 때가 생각난다. 손녀딸을 편입학시키려고 학교 건물 중앙 현관에 들어서자 말쑥하게 신사복을 차려입은 50대 남자분이 억양이 약간 어색한 말투로 "안~녕하~세요?" 한국말로 인사를 하는 것이었다. 한국말이 너무 반가워서 "우리가 한국 사람인 걸 어떻게 아세요?" 하고 말을 거니 대답 못 하고 지나가던 남학생을 붙잡고 통역을 시키는 것이었다. 남학생은 한국인인데 방금 인사한 분이 교장 선생님이란다. 이 학생을 통하여 찾아온 용건을 알리니 서무과로 안내해 드리라고 한다.

도스타르 쉬콜라(ДОСТАР ШИКОЛА)[1]는 규모가 아주 작은 사립학교다. 전교생이 200여 명이고 1학년에서 12학년까지 열세 개 학급(1

---

[1] 쉬콜라(ШИКОЛА): 초등학교, 중학교, 고등학교가 한 울타리 안에 있는 12학년 제 학교다. 초등학교 1학년 때 같은 반이면 고등학교 3학년 때도 같은 반인 경우가 많다. 공립학교는 학급 정원이 25명이고, 사립학교는 15명이다.

학년 2개 반 편성)이다. 학급당 정원은 15명 미만이다. 전교 학생 중 한국인 학생이 10명 재적 중이라고 한다. 교장은 고려인인데 카자흐스탄 교육부 장학관으로 근무하다가 이 학교 교장으로

도스타르 국제학교 하교시간

발탁되었다고 한다. 이 학교를 설립한 분이 카자흐스탄 고려인협회 회장이자 이 나라 상원의원인 채유리 씨라고 한다. 학교 규모는 작지만, 최신식 교육 시설을 구비 하였고, 교사진도 전국에서 가장 우수한 선생님들을 채용하여 최고라고 소문이 난 학교다. 알마티 시장님이 공립학교를 뒤로하고 사립학교인 이 학교 졸업식에 참석하여 축사한 이유를 알 것 같다.

아침 8시경 학교 정문을 들어서면 교장과 교감 선생님이 학생들보다 먼저 출근하여 현관 입구에 서서 등교하는 학생들 하나하나를 이름을 부르며 반갑게 맞이하고 머리를 쓰다듬고 칭찬도 해주고 포옹으로 맞이하는 모습을 자주 목격하곤 한다. 이 나라의 다른 기관에 들를 때면 굉장히 관료적이고 고자세를 취하는 모습만 보아오던 터였는데 이 학교에서는 전혀 그렇지 않고 친절한 모습을 보면서 이 나라를 새롭게 이해하게 되었다.

이 학교의 교육과정을 보면 국어(카자흐어), 수학, 사회, 과학, 미술, 음악, 체육, 등 기본 과목과 외국어 선택과목이 있다. 고려인이 세운 학교인지라 한국어가 필수 선택과목에 들어있고 영어도 들어있다. 전교생이 학교 식당에서 점심 식사하고, 오후에는 자기의 취미에 따라 운동하는데 구기 종목(축구, 배구, 농구, 테니스), 육상, 수영 등과 예능 종목도 들어있다. 오후 3시가 되면 교실에서의 학과 수업이 끝나고 오후 특활 시간에 들어간다.

내가 여기 와서 부러워하는 것이 하나 있다. 청소년들이 학교 공부에 주눅 들지 않고 아주 자유롭고 여유 있게 생활한다는 것이다. 주말이나 공휴일이면 가족들과 함께 야외에 나가서 즐겁게 하루를 보내는 모습을 많이 본다. 여름방학이 3개월이나 되어 부유한 가정에서는 가족이 해외 피서 여행도 하고 여가를 즐긴다는 이야기를 들었다. 넓은 땅덩어리에 자원이 풍부한 나라에 살고 있어 마음도 넓고 여유가 있지 않은지 하는 생각이 든다. 이 나라 국민의 행복지수가 한국 사람들보다 월등하게 높을 거라는 생각을 한다. (2004.05)

고려인 돌잔치

인야즈대학교 동료 교수인 한 넬리 선생으로부터 엽서 한 장을 받았다. 둘째 아들 돌잔치에 참석해 달라는 초대장이었다. 고려인들에게 있어서 돌잔치는 결혼식, 회갑연과 함께 반드시 치러야 하는 3대 통과 의례 중 하나인데, 초대받으면 꼭 참석해야 하고 무단히 불참하면 친분이 끊어진다. 초대장은 꼭 참석할 사람에게만 보내고 그 숫자에 맞춰 식사 자리를 마련한다.

토요일 오후 5시, 행사장인 한인 식당 '청기와'로 갔다. 식당 안으로 들어서니 홀 가운데를 비우고 양쪽 가에 둥근 식탁이 열 개 정도 놓여 있고, 정장 차림의 신사 숙녀와 어린이들 모두 50여 명의 손님이 식탁 둘레에 앉아 있다.

여러 가지 게시물이 벽에 붙어 있어 둘러보았다. 출입문 우측 벽에는 아기의 친가와 외가의 가계도를 그려서 붙여놓았다. 증조부모 대로부터 아기의 항렬에 이르는 계보를 한눈에 알아볼 수 있도록, 각 사람의 이름과 출생 연도를 적어 수형도(樹型圖)로 그려서 게시하였다. 증조부모까지 이름을 찾아내어 기록한 걸 보고 한 교수의 섬세함과 치밀함에 놀랐다.

한쪽에는 아기의 성명을 한자(漢字)와 함께 뜻을 풀어놓았다. '李(오얏 리) 完(완전할 완)', 또 한편에는 아기가 태어나서 일 년 동안 성장해 온 과정을 찍은 사진들을 모조지에 붙여 게시하고, 옆에는 중앙에 아기 사진을 붙이고 하객이 축하의 말을 모조지에 써넣도록 색 사인펜을 준비해 놓았다. 출입문 좌측 벽에는 아기가 돌잡이를 할 때 무엇을 가장 먼저 집을 것인가를 알아맞히는 선물을 드린다는 복권 판을 붙여놓고 들어오는 손님마다 한 장씩 뽑도록 했다.

돌잔치를 시작하는 팡파르가 울리자, 한복차림의 아기 엄마가 아기를 데리고 입장한다. 하객들은 모두 자리에서 일어나 박수로 맞이한다. 엄마, 아빠가 양쪽에서 아기 손을 잡고 아장아장 한 바퀴 돌아 입구 안쪽에 차려놓은 돌잡이 상으로 간다. 상에는 노트, 연필, 돈, 마이크, 마우스, 청진기, 실 등이 놓여 있다.

돌잡이란, 돌상 위에 여러 가지 물건을 늘어놓고 아기가 무엇을 집는지를 보며 장래를 점쳐보는 재미있는 풍속이다. 과연 오늘의 주인공 이완이 무엇부터 집을지 모두의 시선이 아기에게로 쏠린다. 아기는 사람들이 많아 어리둥절하여 한동안 사람들 쳐다보느라 상 위의 물건에 시선을 주지 않는다. 엄마가 물건을 들었다 놓았다가 하며 아기 시선을 상 위 물건 쪽으로 유도하니 드디어 물건을 집었다. 첫 번째 집은 것은 돈, 두 번째 집은 것은 컴퓨터 마우스였다.

"돈 많이 버는 전자 회사 사장이 된답니다!"

사회자가 큰 소리로 말하자 모두 손뼉 치고 환호성을 지른다. 사회주의 소연방이 해체되고 자본주의 사회로 바뀐 지 불과 10년 조금 지났는데 돈의 위세를 모두가 아는 것 같다.
하객 중 들어오면서 뽑은 복권에 적힌 물건 이름과 아기가 제일 먼저 집은 물건이 일치되는 사람에게 선물을 증정하는 순서를 가진 다음 하객 모두 자리에 앉았다. 오늘의 주인공 아기는 엄마, 아빠와 함께 특별히 마련된 상석에 앉았다.

자리에 앉은 하객들은 포크를 들고 접시로 손이 간다. 식탁에는 상다리가 휘어질 정도로 음식이 풍성하다. 백설기와 수수팥떡은 없지만 기지떡(증편)과 절편이 놓여 있다. 흰 쌀밥과 미역국이 나온다. 어느 정도 먹고 나자, 사회자가 아기의 가장 가까운 직계 친족부터 불러내어 축하의 메시지를 부탁한다.

제일 먼저 아기의 조부모님이 불려 나왔다. 마이크를 받아 쥔 할아버지가 아기의 건강과 장래를 축복하는 말을 했고, 이어서 할머니가 축하 덕담을 하고, 음악이 나오자, 할아버지의 손을 잡고 춤을 한바탕 추고 자리로 들어간다. 다음엔 아기 외조부모 차례다. 외할아버지가 몇 말씀하고, 이어서 외할머니가 러시아어로 덕담을 한다. 그리고 고려말로 "곱디곱디 우리 아기 곱디요~." 하는 노래를 민요풍으로 불러 조금 놀랐다. 아마도 이분이 어릴 때 들었던 한국 민요인 듯싶다.

   항렬 순으로 일가친척이 끝나자 초대받아 참석한 모두가 한 번씩은 불려 나가 덕담을 하는데 세 살배기 어린아이도, 80이 넘은 어르신도 빠짐없이 러시아어로 축하의 말을 한다. 어떤 분은 꽤 오래, 어떤 사람은 짧게…. 그런데 여기 사람들 어쩌면 그렇게 막힘없이 술술 말이 잘 나오는지, 체면 차리는 우리 한국 사람과는 영 다르다. 수줍어하거나 쑥스러워하는 사람 하나 없이 청산유수다.

   돈 주고 사 온 여자 진행자가 사회를 보고 반주자가 반주하는 가운데, 게임도 하고, 선물 뽑기, 풍선 터트리기, 여럿이 나와 춤추고 노래하는 순서도 넣어 지루하지 않고 재미있게 진행을 해나간다. 음식은 먹는 대로 새 음식이 제공된다. 5시에 시작한 돌잔치는 밤 11시까지 이어졌는데, 한국인 식당을 빌리는 바람에 11시로 끝났지만, 현지인 식당의 경우는 새벽 4시까지 밤을 새워 잔치를 벌인다.

   한국에서 돌잔치는, 다른 잔치도 그렇지만, 하객이 간단히 축하 인사를 하고 식사하기가 바쁘게 나오는 게 보통인데, 이곳의 고려인들은 밤새워 축하 잔치를 벌이며 여흥을 즐긴다. 먹고 즐기는 것으로 끝나지 않고, 잔치의 주인공을 위해 축하와 격려, 행복을 기원해 주는 덕담을 빠짐없이 한다. 한국에서와 다른 잔치 문화다. 덕담할 때는 떠들던 사람 모두가 조용한 가운데 귀담아듣는 게 또한 신기하다. 진정한 잔치는 바로 이런 게 아닐까, 하는 생각을 해본다.

고려인 가정의 돌잔치에 여러 번 초대받아 가본 적이 있지만, 한 넬리 교수의 아기 돌잔치는 색다르게 아이디어를 짜내어 고려인의 뿌리와 한민족의 정체성을 드러내려는 의도가 나타난 것으로 보인다. 한 교수가 한국어를 가르치는 선생이어서 그런지 매우 의미 있는 돌잔치를 한 것 같아 흐뭇한 기분으로 잔치에 참여했다.

고려인 청년과 위구르족 처녀의 결혼식

오늘은 인야즈대학교 한국어 강사인 자리나 선생의 결혼식이 있는 날이다. 수업을 마치고 박 넬리 학과장과 함께 예식장인 카페 '누리(Нуры)'로 갔다.

자리나 양은 대학에서 내게 한국어를 배운 제자이다. 3학년 때 교환학생으로 한국의 연세대학교에서 한국어 어학연수를 한 바 있다. 한국어 실력을 인정받아 대학을 졸업하자 바로 모교인 인야즈대학 한국어 강사로 채용되었다.

자리나 양은 원래 위구르 민족인데 카자흐스탄 국적을 가지고 카자흐스탄 국민으로 살고 있다. 신랑 되는 박 알렉세이 군은 우즈베키스탄 국적을 가진 고려인이다. 타슈켄트에서 의과대학을 졸업하고 한국에 들어가 2년간 한국의 회사에 취업하여 일했는데, 서울에서 자리나 양을 만나 사귀게 되었다고 한다. 지난 5월 초 자리나가 내게 자기 약혼자가 알마티에 와 있는데 일자리를 못 구해 놀고 있다며 취직 좀 시켜달라고 부탁했었다. 그래서 내가 잘 아는 한국인이 경영하는 현대자동차 판매 회사에 취직시켜 주었었다.

고려인 청년과 위구르족 처녀의 결혼식

내가, 이 나라에 들어와 6년을 지나는 동안 여러 민족의 결혼식을 보았는데, 오늘은 고려인과 위구르 민족 간의 결혼식이라 호기심이 많이 당긴다. 식장인 카페 안에 들어서니 가운데 통로를 틔어놓고 양쪽으로 둥그런 대형 식탁이 8개씩 모두 16개가 놓여 있는 걸로 보아 초청 손님이 대략 120여 명쯤 될 거라 예상된다. 상 위에는 기본 음식이 차려져 있다. 청첩장에는 오후 5시 30분 시작으로 되어 있는데 지연되고 있다. 시간을 지키지 않는 습관은 옛날 한국의 코리안 타임처럼 이 나라에선 흔히 있는 일이기에 느긋이 자리를 잡고 기다렸다. 7시가 되자 좌석은 거의 다 찼다. 모두가 정장 차림에, 한껏 멋을 낸 옷차림이다. 어린 여아들은 하얀 드레스를 입었고 남자아이들은 검은 양복에 넥타이를 매어 꼬마 신사의 모습이다. 신부 친구들은 신부 못지않게 옷차림이며 화장에 신경을 쓴 것 같다. 손톱에 매니큐어는 물론 귀걸이, 목걸이, 속눈썹까지 붙이고 짙은 화장에 향수까지 뿌리고 왔다. '알마티의 미녀들이 여기 다 모이지 않았나?' 싶을 정도로 눈이 부시다.

저녁 7시 30분 팡파르가 울리며 예식이 시작되었다. 하얀 웨딩드레스를 입고 면사포를 쓴 날씬한 신부와 연미복을 입은 듬직한 신랑이 팔짱을 끼고 입장한다. 신랑 신부 뒤에는 들러리 청년 남녀가 따라온다. 식장 입구에서 붉은색 천으로 된 입장 테이프를 가위로 끊고서 안으로 들어온다. 먼저 공증인 앞에 가서 혼인 신고서에 사인한다. 축하객이 준 꽃다발을 받고서 신랑 신부 포옹하고 키스한 후 중앙통로를 행진하여 상석에 마련된 신랑 신부 좌석으로 가서 앉는다. 하얀 웨딩드레스에 하얀 면사포를 쓴 신부의 뽀얗고 곱살한 얼굴이 오늘따라 유난히 돋보인다.

키가 훤칠한 러시아 여자가 사회를 보는데 결혼을 알리는 인사말을 한 후 신랑 신부의 조부모님을 통로 중앙으로 나오시라고 한다. 양가의 가장 나이 많은 어르신을 첫 번째 축하객으로 모시는 것이다. 먼저 신랑의 할아버지에게 마이크를 드리니 러시아어로 일장 연설을 한 후 상석으로 다가가서 술 한 잔을 따라 신랑에게 건넨다. 신랑이 받아 한 모금 입에 대고는 신부에게 잔을 넘긴다. 할아버지 다음에는 할머니가 축하의 말을 하고 다음엔 신부 측 할아버지와 할머니가 차례로 축사하고, 네 분이 반주에 맞춰 춤을 추고는 본래의 자리로 돌아가 앉는다. 다음은 신랑 신부의 양가 부모님을 불러낸다. 역시 축하의 말을 돌아가며 하고서는 서로 손잡고 지르박 춤을 추는데 부부 함께 추다가 짝을 바꿔 안팎 사돈끼리 손을 맞잡고 음악에 맞춰 흥겹게 춤을 춘다. 우리와는 달리 쑥스러워하지 않고 아주 자연스럽게 서로 껴안기도 하면서 신나게 춤을 춘다. 이렇게 부모님들이 한바탕 춤을 추고 들어가면 다음엔 삼촌 항렬이 나오고, 그다음엔 가까운 친척들, 친지들, 신랑 회사 직원들이 차례로 나와 축하의 말을 하고, 춤추고 자리로 돌아간다. 신부 측 손님인 인야즈대학 교수들에게도 차례가 와서 참석한 교수들과 함께 나도 나가서 축사를 간단히 하고 분위기에 맞춰 춤추는 시늉을 하고선 자리에 돌아와 앉았다. 어린아이까지 축하 인사를 한다. 미리 준비한 원고도 없이 마이크를 잡기만 하면 지체하지 않고 청산유수로 말을 잘한다. 먹고 마시고를 계속하는데 재미있는 유머를 섞어가며 놀이도 하면서 재치 있게 흥을 돋우며 진행한다. 초청받아 온 반라(半裸)의 전문 댄서들이 등장하여 화려하고 선정적인 몸짓으로 하객들의 시선을 사로잡기도 한다. 어느 때는 하객 모두를 불러내어 춤을 추게 하는데 지르박을 추다가 경쾌한 왈츠곡으로 바뀌기도 하고, 때론 느린 속도의 블루스를 추면서 밤새워 잔치를 즐긴다. 여기 사는 사람들 어려서부터 댄스를 배운 탓인지 모두가 춤을 잘 춘다.

  지금까지 이런 정서를 외면하고 정신없이 바쁘게 살아온 내겐 흥겨운 춤판을 보면서, 이제부터라도 춤도 배우고 노랫가락 한 가닥 부를 수 있도록 연습해야겠다고 생각해 보지만 그때뿐, 쉽지 않다.

오늘 고려인과 위구르 민족의 전통적인 결혼식을 볼 수 있을까 기대하고 왔는데 조금은 아쉬운 마음이다. 70여 년 소련의 지배를 받아온 탓인지 러시아식, 유럽식 문화가 들어와 순수한 토종 문화를 보기 어려운 것 같다. 다음엔 이곳 토박이 카자흐 민족의 결혼식을 보고 싶다.

고려인의 한식날

인야즈대학교에 부임하고 일 년이 지난 4월 5일 3학년 한국문학 시간이었다. 18명 재적 학생 중 8명만 출석했다. '왜 이렇게 결석이 많은가?' 물으니, 한국에 교환학생으로 간 학생이 다섯 명이고, 두 명은 감기에 걸려 못 나왔고, 세 명은 조상의 무덤에 갔다고 한다.

"조상의 무덤에…, 오늘이 무슨 날인데?"

수업을 마치고 교무과에 가니 박 넬리 학과장이 자리에 앉아 있다. 오늘이 무슨 날인데 고려인 학생들이 결석했느냐고 물어보았다.

"선생님, 모르세요? 오늘이 한식날이잖아요. 우리 고려인들은 한식날 부모나 형제들 산소에 성묘하러 갑니다. 고려인 학생들이 성묘하러 갔을 거예요."
"아, 그렇군요. 그런데 과장님은 왜 출근하셨어요?"
"저요? 오후에 다녀올 겁니다. 구소련 시절엔 우즈베키스탄이나 러시아까지 비행기 타고 성묘를 다녀오기도 했답니다. 요즘은 항공료가 비싸 못 가지만요."

한국과 거리가 먼 이국땅에서 살고 있는 이들이 조상의 나라인 한국의 전통 명절을 아직도 잊지 않고 지키고 있다는 것이 내 마음에 큰 충격으로 다가왔다.

원래 한국에서도 한식은 설, 단오, 추석과 함께 우리 민족의 4대 명절의 하나로 조상에게 제사를 지내고 성묘하는 풍습이 있었다. 내가 어릴 때만 해도 단옷날 동네 큰 나무에 그네를 매고 그네뛰기를 하고, 씨름도 하고, 여자들은 창포 삶은 물에 머리를 감았다. 한식날에는 조상의 묘를 찾아가 성묘하고 사초(莎草)를 했다. 그런데 어느 때부터인지 이러한 풍습들이 꼬리를 감추고 설과 추석만을 연중 큰 명절로 쇠고 있다. 아마도 농경사회에서 산업사회로 바뀌고 근대화되면서 이러한 변화가 일어나지 않았는지 생각한다.

한국인 교수인 내가 한국의 전통 명절에 대해 무지하다는 소리를 들어선 안 되겠다 싶어 인터넷 검색을 해보았다.

한식(寒食)[2]은 동지로부터 105일째 되는 날로 양력으로 4월 5, 6일쯤 된다. 고대의 종교적 의미로 매년 봄에 나라에서 새 불[新火]을 만들어

---

2) 알마티시에는 약 4만 명에 가까운 고려인이 살고 있다. 매년 한식날에는 꽃을 사 들고 온 가족이 함께 시내 리스꿀로바 공동묘지나 시외 부룬다이 공동묘지 등에 안장된 부모나 형제들의 묘소에 성묘하는 풍습을 볼 수 있다.

쓸 때 그에 앞서 어느 기간 동안 묵은 불[舊火]을 일절 금단하던 예속(禮俗)에서 유래한 것으로 보기도 하고, 중국의 옛 풍속으로 이날은 풍우가 심하여 불을 금하고 찬밥을 먹는 습관에서 그 유래를 찾기도 한다.

또한, 개자추 전설(介子推傳說)이 있다. 중국 진(晉)나라의 문공(文公)이 국란을 당하여 개자추 등 여러 신하를 데리고 국외로 탈출하여 방랑할 때, 배가 고파서 거의 죽게 된 문공을 개자추가 자기 넓적다리 살을 베어 구워 먹여 살린 일이 있었다. 뒤에 왕위에 오른 문공이 개자추의 은덕을 생각하여 높은 벼슬을 시키려 하였다. 그러나 개자추는 벼슬을 마다하고 면산(緜山)에 숨어 아무리 불러도 나오지 않으므로 개자추를 나오게 할 목적으로 산에 불을 질렀다. 그러나 그는 끝내 나오지 않고 불에 타죽고 말았다. 그 뒤 그를 애도하는 뜻에서, 또 타죽은 사람에게 더운밥을 주는 것은 도의에 어긋난다고 하여 불을 금하고 찬 음식을 먹는 풍속이 생겼다는 것이다.

> 한식이 우리나라에 전해진 것은 신라 때로 알려져 있다. 고려시대에는 한식이 대표적 명절의 하나로 중요시되어 관리에게 성묘를 허락하고 죄수의 금형(禁刑)을 실시하였다. 조선시대 내병조(內兵曹)[3]에서는 느릅나무와 버드나무를 마찰시켜 불을 만들어 임금에게 올리면 임금은 그 불씨를 궁전 안에 있는 모든 관청과 대신들 집에 나누어주었다. 한식날 비가

---

3) 내병조(內兵曹): 조선시대에, 궁궐 안에서 시위(侍衛)나 의장(儀仗)에 관한 일을 맡아보던 관아.

오면 그해에는 풍년이 들고, 천둥이 치면 흉년이 들뿐만 아니라 국가에 불상사가 일어난다고 믿는 속설이 있다. 한식날부터 농가에서는 채소씨를 뿌리는 등 본격적인 농사철로 접어든다. [출처: 민족문화 대백과]

오늘 한식날을 맞아 고려인들이 한국의 전통적인 민속 명절을 지키는 걸 보면서, 외국에 나와 살고 있는 한국인으로서 다시 한번 조국을 생각하고 고국에의 향수를 달래는 시간을 가져보았다.

우슈토베[4], 바스토베[5]

2013년 11월 2일 아침 8시 30분, 알마티 토요한글학교 중고등부 학생과 교사, 44명은 고려인의 강제 이주 최초 정착지인 우슈토베를 탐방하기 위해 알마티 한국교육원에 모였다. 인원 점검하고 LG전자 회사에서 제공한 대형 버스에 올랐다. 날씨가 쌀쌀했다. 눈이 오려나 했지만 구름만 약간 끼었다.

우리가 탄 버스는 시가지를 벗어나자, 신호등도 없고 터널도 없는 끝없이 펼쳐진 낡은 아스팔트 길을 두 시간 넘게 달렸다. 그리고 잠시 멈춘 곳은 언덕배기에 있는 휴게소였다. 간이식당과 몇 개의 매점이 있고 공중화장실이 있어 잠시 쉬었다 가는 곳이다. 20분 정도 휴식 시간을 가진 후 다시 버스에 올랐다. 가도 가도 막힘없는 황무지가 펼쳐진다.

---

4) 우슈토베(Уштобе / Ushtobe): 카자흐스탄 남동부, 알마티 북쪽 350km 지점에 있다. 1937년 10월 연해주에서 중앙아시아로 강제로 이주당한 고려인들이 정착하여 삶의 터전을 일군 작은 도시이다.

5) 바스토베(Бастобе / Bastobe): 우슈토베에서 북쪽으로 2km 정도 떨어진 곳인데 고려인들의 최초 정착지이며 무덤이 있는 곳으로 고려인 1세대들의 피눈물이 묻어 있는 역사의 현장이다.

고려인을 화물차에 싣고
온 기찻길과 처음 내린
우슈토배역

 누렇게 말라버린 벌판에선 양 떼와 젖소들이 꼴을 찾아 이동하고 하늘엔 이름 모를 수많은 새가 둥그런 원을 그리며 날고 있다.

 우린 지금 뚜렷한 목적을 가지고 목적지를 향해 달려가고 있지만 1937년 원동 지역에 살고 있던 고려인들은 불시에 목적지도 모르고, 왜 떠나야 하는지 이유도 모른 채 정들었던 삶의 터전을 뒤로하고, 40여 일간을 짐짝처럼 화물 열차에 실려 눈 덮인 허허벌판을 달려왔다고 생각하니 마음이 착잡하다.

 도대체 우슈토베는 어디쯤일까? 다시 두어 시간을 더 달렸다. 앞을 보니 두 갈래 길이 보이면서 키릴문자로 'УШТОБЕ' 라는 커다란 글자

가 눈앞에 나타났다. '아, 드디어 목적지 우슈토베에 왔구나!' 우측으로 난 도로를 10여 분 더 달려서 마을 한복판에 미국에서 온 한인 선교사가 세운 '우슈토베 청년센터'에 도착했다.

버스에서 내리자, 나이 지긋한 고려인 어른이 센터 안으로 우리를 안내한다. 방으로 들어가니 고려인 할머니 몇 분이 반갑게 맞아준다. 긴 탁자 위에는 김치, 콩나물, 당근 채, 나물무침, 상추, 고추장, 양념간장, 참기름 등이 차려져 있다. 수저와 대접 하나씩을 집어 들고 김이 모락모락 오르는 쌀밥에 탁자 위에 차려놓은 여러 종류의 채소 나물과 달걀부침에 참기름까지 뿌려주어 받쳐 들고, 옆방으로 가서 대여섯 명씩 둥글게 앉아 비빔밥을 만들어 먹었다. 모두 허기진 배를 채우느라 쩝쩝거리며 밥 먹는 소리가 요란하다. 아침도 설치고 일찍 집에서 나와 다섯 시간 넘게 달려왔으니 허기질 만도 하다. 우린 이렇게 따뜻한 방에서 갓 지은 쌀밥에 갖가지 반찬을 섞어 참기름까지 넣어 맛있게 먹고 있는데, 70여 년 전 강제로 이주당한 고려인들은 반겨주는 이도 없고, 먹을 물도 없는 황무지 한복판에 던져졌으니…… 강제 이주 당시를 상상하니 밥 먹기가 송구스럽기까지 하다.

점심 후 옆에 있는 예배실로 이동하여 모두 자리에 앉았다. 88세인 천 미하일 고려인 할아버지로부터 강제 이주 당시의 생생한 이야기를 들었다.

"처음 여기 왔을 때 우린 개, 돼지만도 못한 삶을 살았어. 개나 돼지는 주인이 먹을 것도 주고 잘 곳도 만들어주지만, 우린 그냥 버려졌어. 저 허허벌판에……. 지금 우린 잘 먹고 잘살아, 우리 부모님은 고생만 하다 돌아가셨어……."

강제 이주 당시 12살이었다는 천 미하일 할아버지는 당시의 처참한 상황을 자기가 겪은 대로 말하는 것이었다.

짐승이나 싣는 열차 한 칸에 5, 6가정씩 넣고 달렸는데 밤엔 너무나 추워서 이불로 몸을 둘둘 감았는데 이가 바글바글해서 잠을 못 잤다는 것이며, 소 대변이 마려우면 참고 있다가 열차가 잠깐 쉴 때 재빨리 밖에 나가 누거나, 어린애들은 참지를 못해 열차에서 그냥 싸기도 했다는 것이다. 누가 죽으면 열차가 쉴 때 밖으로 내다 눈 속에 파묻고 떠나야 했고, 열차가 멈춰 서면 먹을 물을 구하기 위해 난장판이 되기도 했고, 열차가 급히 떠나는 바람에 가족을 잃어버리기도 했다는 것. 가족을 잃고 울다 실성한 사람도 있었고, 기차 안에서 아기를 낳기도 했다는 것 등등 참으로 끔찍하고도 놀라운 체험담을 이야기하는 것이었다.

나라를 잃고 강제 이주와 굶주림 속에서 겪어야 했던 한민족의 비극을 이역만리 낯선 땅 이곳에 와서 듣다니…. 이 할아버지의 이야기를 들으며 내 어린 시절 6·25 전란 때 피난길을 떠올리며 눈시울을 적셨다.

할아버지의 이야기가 끝난 후 밖으로 나와 버스에 올라 오늘의 최종 목적지인 바스토베로 향했다. 비포장도로인 시골길을 한참 달려 야트막한 민둥산 아래로 갔다. 누렇게 말라버린 갈대 풀이 바람에 흔들리는 이곳은 주변에 집 한 채 없는 사막이나 다름없는 황량한 들판이다. 고려인들의 무덤 이백여 기가 뒤편 언덕에 자리 잡고 있고, 커다란 표석(標石) 두 개가 서 있는데, 표석의 하나에는 한글로 다음과 같이 씌어있고 다른 표석에는 러시아어로 씌어있다.

"이곳은 원동에서 강제 이주 된 고려인들이 1937년 10월 9일부터 1938년 4월 10일까지 토굴을 짓고 살았던 초기 정착지이다."

혹한과 굶주림과 질병으로 노인과 어린아이 등 1만 5천여 명이 이송 도중 열차 칸에서 죽었고, 장장 6,000km를 짐짝처럼 실려와 여독도 풀지 못한 채, 우선 맨손으로 주거할 공간인 구덩이를 파고 그 위에 갈대를 꺾어 지붕을 얹어 겨울을 났다. 겨울을 나는 동안도 힘없는 노인과 아이들이 많이 죽었는데, 움막 뒤편 민둥산 언덕에 매장했다.

우리 학생들과 교사 일동은 표석 앞에서 묵념을 올리고, 움막집 흔적을 살펴보고, 무덤을 둘러보았다. 무덤 앞에는 무덤의 주인공을 알리는 비석이 세워져 있는데, 비석에는 한글과 러시아어로 망자의 이름과 태어나고 죽은 해의 날짜를 기록해 놓았다. 그중에는 70여 년 동안 비바람과 눈보라에 깎이고 닳아 알아보기 힘든 철판 비문도 있었다. 고려인들의 고난 흔적을 보여주는 것 같았다. 학생들과 함께 걸어서 민둥산 정상으로 올라갔다. 산 정상에 서서 멀리 고려인 거주 촌락과 그들이 일군 논과 밭, 들판을 바라보면서 고려인들이 겪었던 고난의 역정과 어려움을 극복한 그분들의 노고를 생각해 보는 시간을 가졌다. 찬바람과 함께 냉기가 뼛속을 파고든다. 아무렴 80년 전 고려인 강제 이주 당시에 비교할 수 있으랴만, 나도 모르게 눈물이 나오는데 추워서 나오는 눈물인지 슬픈 감정에서 나오는 눈물인지 모르겠다.

강인한 의지와 끈질긴 생명력으로 영하 40도까지 내려가는 혹한을 버티고 살아남은 고려인들은, 이듬해 봄을 맞이하면서 황무지 땅을 일구고 수로를 만들어 물을 끌어다가 농사일을 시작했다. 원동에서 가지고 온 곡식과 채소 씨앗을 심고 정성껏 가꾸어 수확했다. 중앙아시아에서 벼농사는 고려인들의 손에 의해 시작되었고 큰 성과를 내어 과거 소련 시절 노력 영웅 칭호를 받은 사람이 많았다. 불모지 허허벌판이었던

이 지역은 약 10만 명의 고려인들이 들어와 살면서 큰 마을로 발전했는데 현재는 이들 후손 만여 명이 거주하고 있다고 한다.

다시 버스를 타고 농업용수를 끌어오기 위해 만든 수문을 보러 출발했다. 바스토베에서 약 2km 정도 되는 거리에 냇물을 가두는 수문이 있다. 이 수문은 먼저 러시아인 기술자가 만들기 시작했는데 완성하지 못하고 포기한 것을 고려인들이 덤벼들어 완성했고, 여기 고인 물을 오리(2km)나 되는 수로를 만들어 끌어들여 벼농사를 지었다고 한다. 수로와 수문을 돌아보면서 한민족의 피를 이어받은 고려인의 억척스러운 용기와 담대함, 그리고 끈질긴 노력과 성실성에 가슴 벅찬 감동이 일었다.

러시아인도 겁내어 공사를 포기했던 댐과 수로를 거의 맨손으로 건설하여 황무지를 옥토로 만들고 농사를 지어 소련 시절 인정받는 콜호스(집단농장)를 건설하여 한민족의 위대함을 보여준 고려인들! 이러한 정신이 있었기에 고려인들은 점차 이 땅에서 인정받는 소수민족이 되었고 사회 각 분야에서 두각을 나타내어 카자흐스탄 130여 민족 중 가장 우수한 민족으로 존중받아 왔던 것이 아니던가. 그런데 지금의 고려인 젊은 세대들은 과연 선조들이 이루어 놓은 그 명성을 이어 나갈 의지와 노력이 보이는지? 앞선 고려인 세대가 쌓아온 명성이 이제는 많이 퇴색된 것 같아 안타깝다는 생각이 든다. 이들을 위해 내가 이 땅에서 해야 할 일이 무엇일까를 다시 한번 돌아보는 시간이었다.

류종귀 할아버지의 사연

"1945년 3월 열일곱 살의 어린 나이에 강제 징용을 당해 부산을 떠나던 날도 어머니는 일하러 나가시고 아버지는 병으로 누워계셨고, 어린 동생이 부두까지 따라 나와 작별의 눈물을 흘리던 모습이 60년이 지난 지금도 눈에 선합니다."

나는 2004년 3월 알마티시로 활동 지역을 옮겼는데 이곳에서 주일마다 인사를 나누는 노인이 한 분 있었다. 류종귀 씨라고 하는 당시 76세 되는 고려인 할아버지다. 이분은 한국말을 곧잘 하시는데 한글을 읽고 쓰는 데는 어려움을 느끼는 분이다.

어느 날 내게 부탁이 있다며 조용히 만나자고 한다. 예배가 끝나고 교인들이 다 돌아간 텅 빈 예배당에서 두 사람이 마주 앉았다. 이번 여름에 한국에 갈 기회가 생겼다며 봉투에서 서류를 꺼내 보이며 서류 내용을 작성해달라는 것이었다. 그것은 한국 정부 초청 재외동포 모국 방문에 필요한 서류인데,「일제 강점하 강제 동원 피해자 진술서」였다. 다음은 이분이 구술한 내용을 받아쓴 글이다.

"본 진술자는 1928년 2월 27일 대한민국 부산시 수창동 548번지에서 류인문(柳寅文) 씨의 6남매 중 차남으로 태어났습니다. 본인이 일제에 의해 강제징용당할 당시에 맏형은 돈 벌러 간다고 일본으로 갔고 누님은 출가했고 부친은 오랜 기간 질병으로 누워지내는 형편이었으며, 모친이 막노동으로 생계를 근근이 꾸려나가는 어려운 처지에 있었습니다. 본인은 다니던 소학교

류종귀 할아버지와 손녀

를 중퇴하고 집에서 어린 동생을 돌보며 아버지 병간호를 하던 중 일제에 의해 강제 징용을 당했습니다. 1945년 3월 열일곱 살의 어린 나이에 강제 징용을 당해 부산을 떠나던 날도 어머니는 일하러 나가셨고 아버지는 병으로 누워계셨고, 어린 동생이 부두까지 따라 나와 작별의 눈물을 흘리던 모습이 지금도 눈에 선합니다."

이 대목에서 할아버지는 당시 상황을 회상하며 목이 메는지 잠깐 말을 잇지 못한다. 나도 글을 쓰면서 눈시울이 뜨거워짐을 느꼈다. 할아버지의 과거사는 다시 이어진다.

"징용을 당한 우리 일행 15명은 이름 모를 기선(汽船)에 실려 일본 시모노세키항에 도착했고, 미군 비행기의 폭격으로 연기와 불길이 치솟는 동경 시가지를 통과하여 북해도를 지나 사할린으로 들어갔습니다.

사할린에 도착하니 봄철인데도 폭설이 내려 집이 묻힐 정도였으며 북극해와 태평양에서 불어오는 매서운 바람이 뼈를 녹이는 것 같았습니다. 우리는 곧 나이브찌 탄광으로 끌려가 그때부터 일본이 연합국에 패전할 때까지 탄광 노동자로 혹사를 당하며 일해야 했습니다. 헐벗고 굶주림 속에서 일제의 잔혹한 인간 이하의 대우를 받으며 5개월간의 강제 노역 중에 8·15광복을 맞았습니다. 일본 천왕이 미국에 항복한 직후 일제는 탄광에서 일하는 한국인 노동자들을 갱 속에 몰아넣고 폭파하여 몰살시키려는 작전계획을 세웠지만, 사전에 이를 눈치챈 우리 한국인 노동자들이 일본 감독자들과 격투를 벌여 죽음을 모면한 적도 있습니다.

전쟁은 끝났지만, 우리 한국인 징용자들은 고국에 돌아가지도 못하는 신세가 되었습니다. 곧이어 사할린에 들어온 소련군의 통치하에서 또다시 억류 생활이 계속되었던 것입니다. 그런 가운데 우리 남한 출신 몇 명이 은밀하게 작전을 짜고 작은 배를 구하여 탈출을 기도했지만 일이 탄로되어 탈출도 못 하고, 우리는 모두 잡혀서 죽도록 매를 맞고 몇 사람은 감옥에 들어가는 신세가 되기도 했습니다.

그 후에 나는 목재소에서 일하게 되었는데 작업 중 전기톱에 왼손이 끊어져 나갈 정도의 심한 중상을 입게 되었습니다. 의료 기술이나 치료 장비가 거의 없던 당시에 의사는 왼쪽 손목을 절단해야만 생명을 건질 수 있다며 절단하려고 했지만, 내가 죽으면 죽었지, 절단만은 하지 말아 달라고 떼를 써서 손목을 절단하지 않고, 여러 번의 수술 끝에 가운

넷손가락만 잘라내고 봉합하여 지금의 모습이 되었습니다.

몸이 회복된 후 산판으로 일자리를 배정받아 가서 나무를 베고 목재를 깎아내는 일에 종사하게 되었습니다. 그곳에서도 몇 번의 죽을 고비를 넘겼고, 1952년에 돌린스크라는 작은 도시로 가서 자동차 부에서 수리공으로 일했는데, 젊은 나이에 앞길을 생각하니 캄캄하기만 하였습니다. 고국으로 돌아갈 수도 없고 어떻게 하면 이 고통스러운 환경에서 벗어나 인간답게 살아볼 것인가 하는 고민 속에서 지내다가, 마침 같은 소련권 국가 내에서의 거주지 이동이 허락되어 이왕이면 소련의 수도인 모스크바에 가서 새로운 삶의 터전을 마련해 보리라는 꿈을 가지게 되었습니다. 그래서 모스크바로 가기 위해 1956년 하바롭스크공항으로 갔는데 그곳에서 어떤 고려인을 만나 이야기를 나누게 되었습니다. 그분의 이야기인즉 '언어도 익숙하지 않고 아는 사람도 없는 낯선 땅에 가서 어찌 살겠는가, 그러지 말고 고려인이 많이 살고 있는 카자흐스탄으로 가면 동족의 도움을 받을 수가 있고, 기후도 따뜻하여 살기 좋은 곳이니 그리로 가는 것이 좋을 것'이라는 말을 듣고 방향을 바꾸어 1956년 알마티로 오게 된 것입니다.

이곳에 와서 우연히 전에 돌린스크에서 함께 고생하며 일했던 우태원 씨를 만나게 되었고, 그의 집에 들어가 살면서 자동차 공장에서 수리공으로 일하게 되었습니다. 그분의 중매로 1957년 결혼하여 아들 둘을 낳았고 대학까지 교육하고 결혼시켜 손자, 손녀를 보았습니다. 장남은 이곳 체육대학을 졸업하고 체육학교에서 학생 훈련 사범으로 일하다가, 현재는 한국인 회사에서 일하고 있는데 생활이 넉넉지는 못한 편입니다. 차남은 이곳 사범대학을 졸업하고 건축 관련 회사에 취직하여 일하고 있는데 생활이 어려운 형편입니다. 현재 본인은 국가에서 주는 연금(월 5천 텡게=약 4만 원)으로 근근이 살아가고 있으며, 아주 오래된 낡은 아파트에서 차남 가족 네 식구와 함께 살고 있습니다.

본인은 한국에 있는 부모 형제와 일가친척을 찾기 위해 1970년도에 소련적십자사에 편지를 보내어 가족을 찾아달라고 부탁했습니다. 소련적십자사에서는 제네바적십자사를 통해 일본적십자사를 거쳐 대한적십자사에 전달하여, 1988년 11월 동경에 가서 한국에서 온 형과 동생을 43년 만에 상봉하였습니다. 형제들과 헤어진 후 나는 고국에 가고 싶은 마음에 일본 소련대사관을 찾아가서 한국에 가게 해달라고 울면서 간청하였습니다. 소련대사관에서는 본국의 허락이 있어야 가능하다고 하며 기다려보라고 하여 대기하던 중, 고르바초프의 승인이 떨어졌다며 한국에 갈 수 있도록 허락해 주어, 꿈에도 그리던 고국에 들어가 부모 형제와 일가친척을 다 만나보고 돌아온 바 있습니다. 이번에 한국 정부 초청으로 모국을 다시 방문하게 된다니 감개무량하며 조국의 은혜에 깊은 감사를 드립니다. (2005년 5월 26일 한국인 선생의 도움으로 류종귀 작성)"

이분의 살아온 이야기를 받아 적으면서 나는 북받치는 감정을 속으로 삭이느라 애를 먹었다. 이분의 잃어버린 청춘을 누가 어떻게 보상할 수 있단 말인가. 나라 잃은 설움과 약소국이 당한 치욕스러운 우리 역사의 한 장면을 보고 있는 것 같아 목이 메었다. 이야기를 다 적고 나서 나는 가운뎃손가락이 잘려나간 할아버지의 찌그러지고 흉터로 얼룩진 손을 두 손으로 감싸 쥐고 끝내 눈물을 흘리고 말았다.

고려말 박사 박넬리 교수

 카자흐스탄 국제관계 및 세계언어대학교(약칭: 인야즈대학교)에 부임했을 때 처음 만난 교수가 박 넬리 교수다. 희끗희끗한 머리에 화장도 하지 않은 소박한 옷차림의 시골 할머니의 모습을 한 여교수다. 동양학부 부장이며 한국어학과 과장직을 겸하고 있었다. '고려말' 연구로 학위를 받은 분으로 학문 연구와 학생 지도에 평생을 바쳐온 분이다.

 2004년 3월 5일, 인야즈대학교에 첫 출근 하던 날 박 넬리 학과장은 교수회의를 소집하고 나를 소개하는 자리에서 다음과 같은 말을 했다.

 "한국에서 평생 학생들을 가르쳤고, 우리 대학에 오기 전 쉼켄트에서 한글 교실을 열고 3년 동안 지도한 경험 많고 유능한 한국인 교수가 새로 부임하게 되었습니다. 우리 선생님들 한국말이 서툰데 김 교수님에게 많이 배웁시다."

 그 후 5년여 인야즈대학교에 재직하는 동안 누구보다도 친밀한 교제를 나누었는데, 박 교수는 자신이 연구하는 '고려말'과 관련된 의문이 생길 때마다 수시로 내게 물어오곤 했다. 어느 때는 자정이 넘은 시간에도 전화를 걸어오는 일도 있었다. 이분의 질문 가운데는 한국의 지명 유래 같은 전문 분야가 있어 나를 당황케 할 때가 많았다. 그 바람에 나도 한국의 여러 분야에 더 많은 공부를 해야겠다는 자극을 받기도 했다. 60대 후반의 나이가 무색할 정도로 학구열이 대단했다. 이 나라에서는 정년이 없는 것 같다. 나이 80이 넘어도 실력 있고 건강하면 공직 생활을 계속 유지할 수가 있다. 음악 교수

가운데 서신 분이 박 교수

정 추 선생이 그렇고 카자흐 법률대학교 한 구리 박사가 그렇다. 두 분 다 80이 넘었는데도 대학 강단에서 존중받는 교수로 재직 중이다.

 2006년 3월 8일 여성의 날, 박 넬리 교수는 우리 가족을 집으로 초대하였다. 마침, 안식년을 맞아 부인과 아들 함께 알마티에 들어와 체류 중인 서울 ㅅ대 이 교수 가족도 초대하여 두 가정 다섯 명이 박 교수댁을 방문하게 되었다. 공항행 79번 시내버스를 타고 가다가 박 교수가 일러준 정류장에서 내렸다. 약도를 들고 땅집들이 -고려인들은 단독주

택을 '땅집'이라고 부른다- 들어서 있는 골목길로 들어가 파란색 대문을 찾아갔다. 저만치 대문 앞에서 백발노인이 우릴 보고 손짓을 한다. 박 교수 아버님이시다. 구순이 넘은 노인이신데 미소 가득한 얼굴로 반갑게 맞아주신다. 대문 안으로 들어서니 텃밭에선 새봄을 맞아 추위를 뚫고 돋아난 연두색 마늘 새싹이 우릴 반긴다. 함석과 슬레이트 지붕을 한 이층집인데 외형으로 보아 적어도 50년이 넘은 집 같다. 옛 시골 고향 집에 온 듯 마음이 푸근하다. 이 교수와 나는 어르신을 따라 1층 거실로 들어갔고, 가족들은 지하실로 안내받았다. 거실에는 낡은 소파와 탁자가 놓여 있고, 탁자 위엔 예쁜 한복을 입은 작은 인형 한 쌍이 놓여 있다. 소파에 앉아 박 교수 아버님 박 세르게이옹의 살아오신 이야기를 들었다. 고려인의 구전설화를 채집하러 온 이 교수의 여러 가지 질문에 마치 할아버지가 손자에게 이야기하듯 자신의 90여 년 인생사를 풀어 놓기 시작하셨다. 한국말로 말씀하시는데 가끔 고려말(함경도 방언)이 섞여서 이해가 잘 안 되는 부분도 있지만 그런대로 소통되었다.

1914년생인 할아버지는 조·중·러 국경 지역인 연해주 하산에서 태어났다. 열아홉 살에 소련군에 징집되어 이르쿠츠크에서 군복무를 하던 중 1937년 9월 강제 이주를 당했다. 가족이 먼저 중앙아시아로 실려 왔고, 박 옹은 다음 해 제대하고 우슈토베로 와서 가족과 만났다. 이곳에서 2차 대전이 끝나는 1945년까지 우편국 업무를 보았다. 전쟁 중 우편 업무를 잘 수행한 공로로 소련 정부로부터 전쟁영웅 훈장을 받았는데 그 혜택으로 잘살게 되었다며 훈장과 증서, 그리고 빛바랜 흑백 사진들을 보여주신다. 그러면서 소련의 승리로 인하여 일본이 항복했고 조선이 해방되었다며 아주 자랑스럽게 이야기하신다. 이곳에 오신 후 국립 카즈구대학교에서 저널리즘을 공부하고, 다시 우편국에 들어가 70세까지 근무하고 퇴직했단다. 고령임에도 귀도 밝고 기억력도 좋고, 말씀도 잘하신다.

점심 준비가 다 되었다며 식당으로 내려오라는 전갈을 받고, 거실을 나와 네모로 된 마루 뚜껑을 열어젖히고 비밀통로와 같은 계단을 따라 내려가니 주방 겸 지하 식당이 있다. 식탁 위에는 쌀밥과 장물 -된장에 채소와 돼지고기가 들어간 국인데 고려인들은 이 국을 '장물'이라고 한다-, 닭 요리, 상추쌈, 양파 줄기와 된장, 말고기, 돼지 훈제 요리, 토마토, 김치, 나물무침 등 푸짐하게 차려놓았다. 식사 기도하고 먹자고 했더니 나보고 하라고 하여 내가 감사기도와 함께 박 세르게이 어르신과 이 가정을 위해 간절히 기도했다.

여성의 날, 휴일임에도 우리를 위해 정성을 다해 음식을 장만하고 대접하는 박 교수의 정을 생각해서 상 위에 놓인 음식들을 하나하나 맛을 보며 열심히 먹었다. 박 교수가 손수 담근 김장김치는 고려식 김치인데, 우리나라 김치처럼 소박이를 넣지 않고 소금물에 푹 절인 다음 통고추를 갈아서 넣고 담근다. 그리 맵거나 짜지 않고 시원한 맛이 난다.

식사 후 차를 마시며 이야기를 나누었는데 어르신에게 어떻게 소일하시느냐고 여쭈었더니, 친구들이 거의 다 세상을 떠나 외롭다고 말씀하신다. 박 교수의 말로는 가정 살림을 아버님이 도맡아 하시는데, 텃밭도 가꾸고 공과금도 손수 체크하여 은행을 찾아가 납부하신다고 한다. 부인과 사별하고 딸 넬리 교수와 함께 살고 있는데 손자(박 넬리 교수의 아들)가 레닌그라드에서 의과대학을 졸업하고 러시아 여자와 결혼하여 의사로 근무하고 있다고 한다. 두어 시간 환담하고 일어나는데 박 교수가 김치 두 포기와 묵나물 한 봉지를 준다. 고맙게 받아들고 나와 기념사진을 찍고 '부디 건강하시고 오래오래 사시라'고 작별의 인사를 드렸다.

대문을 나서는데 몹시 서운해하는 모습으로 또 오라고 하신다. 우리가 골목길을 나와 시야에서 사라질 때까지, 할아버지는 대문 밖까지 나오셔서 손을 올렸다 내렸다 하시며 우리를 배웅하신다. 93세 고령인 이 어른과의 만남이 어쩌면 오늘이 처음이자 마지막이 될지도 모를 거로 생각하니 왠지 가슴이 저려온다. 이분의 선한 눈빛과 꾸부정한 노구로 손 흔들며 우리를 맞아주시고 배웅하시던 모습이 오랜 세월이 지난 지금까지도 내 마음속에 선명하게 남아 있다.

천재 음악가 정 추 선생 작곡발표회

2004년 6월 17일 목요일 오후 6시 30분, 카자흐스탄 알마티시 잠불 명칭 국립필하모니 음악당, 정 추 선생[6] 탄생 80돌을 기념하는 작곡발표회가 열리는 시간이다. 400석이 넘는 좌석이 고려인을 비롯한 현지인들로 입추의 여지가 없이 꽉 찼다. 우리 세 식구 일찌감치 입장하여 중앙에 자리 잡고 앉았다.

정 추 선생 작곡발표회 인터뷰

이 자리에 올 때까지 나는 '정 추'라는 분이 어떤 분인지 몰랐고 들어본 일도 없었다. 카자흐스탄에 들어온 지 3년이 지나도록 고려인이 이 나라에 꽤 많이 살고 있다는 것은 알고 있었지만 이들 중에 정 추라는

---

6) 추기(追記): 정 추 선생은 2013년 6월 13일 향년 90세로 이국땅 카자흐스탄 알마티에서 별세했다.

음악가가 있다는 이야기를 들어보지 못했다. 이분의 작곡발표회에 초대장을 받고서야 이분이 대단한 작곡가라는 사실을 알게 되었다.

오늘 무대에서 공연된 레퍼토리는 다음과 같다.
Ⅰ. 소프라노 독창과 관현악 반주
 1. 관현악 반주 『진달래꽃』(김소월 시)
 2. 『바다가 변하여 뽕나무밭이 된다고』(김소월 시)
 3. 『봄노래』(전동혁 시)
    노래: 소프라노 발라빤 주바에바(국제 콩쿨 수상자,
    아바이 가극극장 솔리스트)

Ⅱ. 무반주 합창
 1. 카자흐 민요 『두다라이』(여성합창곡으로 편곡)
 2. 『도라지』(한국민요)
 3. 『아리랑』(한국민요)
    노래: 테너 김 블라지미르(공훈예술가)

Ⅲ. 교향악곡
 1. 한국주제 교향악 모음곡
 2. 극적 교향악 모음곡
    『1937년 9월 11일 17시 40분』(고려인 강제 이주의 추억)
 3. 교향시 『조국』

Ⅳ. 테너 독창과 합창, 오케스트라 반주
  1.『뗏목의 노래』(정 추 작사, 작곡)
  2.『내 조국』(정 추 작사, 작곡) 통일조국을 위한 노래
    독창: 김 블라지미르(공훈 예술가)
    교향악단 지휘자: 주누스 주마 베코브(카자흐국립음악대학 부교수)
    합창단 지휘자: 베임베트 데메오프(공화국 공훈예술가)

 작곡가이며 교육가인 정 추 선생은 카자흐스탄에서 활동하고 있는 한국 음악 예술을 대표하는 사람이다. 그는 전남 광주에서 1923년 12월 태어났다. 1938년 광주서중을 다닐 때 조선어 사용 문제로 일본인 교관과 다퉈 퇴학당했고, 양정고에 편입해 졸업장을 받았다. 1942년 일

정 추 선생과 한인들 기념사진

본 니혼대학 음악과에 입학했다. 1944년 일본군에 강제 징집되었고 한국인 학생들과 함께 탈영을 도모하던 중 해방을 맞아 귀국했다. 1946년 월북하여 영화감독이 된 형을 만나러 평양에 갔다가 평양음대 교수로 임용되었고, 형이 제작하는 영화의 음악을 만들었다.

　음악적 재능을 인정받아 1953년 모스크바 국립 차이코프스키 음악대학으로 유학하여 저명한 작곡가 아나톨리 알렉산드로프 교수 문하에서 작곡을 공부하였다. 졸업 작품인 '조국'은 음대 역사상 처음으로 만점을 받아 음악적 천재성을 인정받았다. 지도교수는 차이코프스키의 3대 제자로 불렸는데 정 추는 '4대 제자'라는 칭호를 얻었다. 소련 정부도 그의 재능을 인정하여 인류 최초로 우주비행에 성공한 우주인 유리 가가린을 축하하는 '가가린 쾌거 축하 공연'에서 그의 작품 '뗏목의 노래'를 연주하도록 했다. 1957년 당시 소련에 유학 중이던 북한 학생들의 모임에서 김일성 독재체제를 비판하고 김일성 우상화를 반대하는 운동을 주도하다가 도망자 신세가 되었다. 1958년 추방당해 알마티에 와서 정착하게 되었다. 이후 창작 및 교육 분야에서 두드러진 활동을 하였다. 그는 여러 곡의 교향악 모음곡과 기악곡, 가곡, 합창곡, 무대 음악 등 다양한 장르의 예술적 가치가 높은 작품들을 썼다. 카자흐스탄 음악 교과서에는 그의 작품 60여 곡이 실려 있다. 그의 작품들은 민족적 색채, 수준 높은 작곡 기교, 5음 음계 표현의 새로운 발현, 한국 전통 가락의 쇄신 등이 특징이다.

정 추는 또한 저명한 민속 음악가이다. 그는 재외동포 민요의 채집가이며 민요 학자이다. 10여 년에 걸쳐 카자흐스탄과 러시아 및 우즈베키스탄에 사는 재외동포 사이에 널리 보급된 한국 민요와 가사 등 천여 편을 채집, 채보하였다. 채보한 음악을 '소련의 고려가요'라는 이름으로 집대성해 세상에 내놓았다. 그리고 스탈린에 의한 고려인 강제 이주의 슬픈 역사를 담은 교향곡 '1937년 9월 11일 스탈린'을 완성했다.

정 추는 교육 부문에서도 크게 활동하였다. 카자흐 국립 여성사범대학 음악학부의 설립자로서 32년간 교수로 몸담았다. 그의 많은 제자들은 사범대학들이나 다른 음악교육 기관들에서 교수로 활약하고 있다. 현재 정 추는 아바이 명칭 카자흐 국립사범대학 국제관계학부 교수이며 명에 어문학 박사이다.

정 추는 음악 예술계에서 존경과 신망을 받고 있다. 카자흐스탄 작곡가 동맹 운영위원으로 여러 차례 선출되었다. 사회사업에서도 독립유공자후손회의 창설자 중 한 명이며, 초대 회장을 역임했다. 1991년 그는 북한 민주화를 실현하고, 통일 조국을 건설하는 데 일조하겠다는 마음으로 구국 전선에도 참여하여 '조선민주통일구국전선'의 공동의장을 맡기도 했다.

먼 이국땅에 와서 한국이 낳은 위대한 천재 작곡가 정 추 선생의 수준 높은 작품을 이 나라 유명 성악가와 관현악단의 연주로 한국인의 정서가 담긴 노래와 곡을 1시간 20분에 걸쳐 감상했다. 한 곡 한 곡 귀 기울여 들으면서 정 추 선생의 조국과 민족을 향한 뜨거운 사랑과 통일 조국에의 염원이 얼마나 간절한가를 공감하였다. 중앙아시아 고려인이 겪은 고통과 아픔, 그리고 남과 북으로부터 외면당한 이분들의 삶을 생각하면서 가슴 찡한 느낌을 받았다. 한편으론 80 노구에도 정정하게 교육활동을 계속하고 있는 선생의 모습이 무척 존경스럽고 우러러 보였다. 여생(餘生)이 더욱더 보람 있고 건강하시길 마음속으로 기원했다. 한편, 오늘 발표회를 위해 재정적 후원을 해준 우리 기업 LG 전자에게 고마운 마음과 감사드리고 싶다.

양원식 선생과의 만남

 기자요 작가이며 시인인 양원식 선생은 카자흐스탄에서 한민족 문화 발전과 우리말과 전통문화 보급에 크게 이바지한 분이다. 무엇보다도 고려인 민족 신문인 '고려일보'의 유지, 발전을 위해 헌신한 분이다.

 내가 양 선생을 처음 만난 것은 쉼켄트에서 3년을 보내고 알마티로 사역지를 옮겨 인야즈대학교 한국어학과 교수로 취임한 첫해 2004년 9월 28일 오후였다. 사전도 없이 한국어를 공부하는 학생들에게 '한러사전'을 구해주기 위해 고려일보사를 찾았었다. 알마티 지리를 몰라 30여 분 헤맨 끝에 고려일보사가 있는 마까다예바 아만겔디를 찾아갔다. 큰길에서는 보이지도 않는 고층 아파트 건물 안쪽에 3층짜리 작은 건물을 세내어 사무실 겸 편집실로 쓰고 있었다. 전날 전화로 약속한 50대의 고려인 여직원이 반갑게 맞아준다. "현지인 안내도 없이 말도 안 통할 텐데 어떻게 여기를 찾아왔느냐"라고 한다. "좀 헤매긴 했지만 잘 찾아왔구먼요." 첫인사를 나누었다. 한편, 저쪽 책상 앞에 연세가 들어 보이는 키 큰 남자 한 분이 허름한 옷차림을 하고 앉아 신문을 펴 들고 있다. 고려일보 한글판 주필 양원식 선생님이라고 소개한다. 이름은 익히 아는 터여서 반갑게 인사를 하였다. 내가 한국에서 교직을 은퇴하고 카자흐스탄에 들어와 한국어 교육을 하고 있노라고 하였더니 앞으로 고려일보 한글판 편집에 도움을 줬으면 좋겠다고 말씀한다. 한글 표준화 문제며 남북한 언어 문제 등을 화두로 한 시간여 이야기를 나누었다. 대화하는 가운데 보기보단 달리 몹시 자상하고 인자하다는 느낌을 받았다. 마치 시골 사시는 내 형님을 만난 듯 다정한 느낌이었다.

이렇게 처음 만난 후 양 선생과의 교제가 이어졌는데 이분과의 두 번째 만남은, 첫 번째 만남 후, 한 달 보름이 지난 2004년 11월 12일, 한국 김치담그기 행사에 통역을 맡아달라고 부탁했는데 흔쾌히 허락하여 행사장인 시온교회 식당에서 만났다. '김치란 어떤 식품인가?'라는 주제의 학술적 내용을 정확히 통역할 사람을 찾던 중 한국말과 현지 언어(러시아어)에 능통한 양 선생에게 부탁했었다. 세 번째 만남은 일 년 후인 2005년 10월 2일 교원의 날(스승의 날) 고려일보에 들렀을 때다. "한국어 문제점은 없는지?"라는 제목의 인터뷰를 하였는데, 10월 14일 자 고려일보에 인터뷰 기사가 실렸다. 그 후에도 우리의 만남은 계속되었다. 여러 번 만남을 통하여 돈독한 교분을 쌓아가는 가운데 현지 고려인 문인들과 한국인 문인들이 함께 문학회를 만들어 활동하자는 제안도 하였다. 그러면서 '중앙아시아, 카자흐스탄 고려인 문학이 걸어온 길'이란 자신의 논문 한 편을 내게 넘겨주면서, 주말에는 바람도 쐴 겸 야외로 나가자고 하시기에, 주말엔 내가 대학 강의가 오후까지 있어 방

양원식 선생과의 만남

학이 되면 야외 나가자고 했었는데, 이것이 양 선생이 내게 준 마지막 유물(遺物)이 될 줄은 꿈에도 생각지 못했다.

나는 2006년 5월 1일부터 터키에서 열린 '제5차 유럽 한국기독실업인회(KCBMC) 에베소 대회'에 참석하고 성지순례를 마치고 5월 13일 알마티로 돌아왔다. 양 선생이 5월 4일 복면 괴한에게 테러를 당해 돌아가셨다는 청천벽력과 같은 비보를 듣고 망연자실하고 말았다.

'양원식 선생님은 1932년 평안북도 안주에서 태어나 1953년에 소련 유학생으로 뽑혀 모스크바 영화대학에서 공부하셨다. 1956년 니키타

흐루쇼프 소련 공산당 제1서기가 스탈린 개인숭배를 논박하자, 북한에서 유학 온 학생들은 김일성 체제를 반대해 정치망명을 결정했다. 대학 졸업 후 볼고그라드(전 스탈린그라드) 텔레비전방송국으로 파견되어 영화감독으로 일하셨다.

 1960년 알마티로 주거를 옮겼으며 여기서 카자흐 필름 영화 제작소(스튜디오)에서 일하시면서 훌륭한 영화감독으로 명성을 쌓으셨다. 그렇지만 선생은 뜻하는 바가 있어 오랜 영화감독 생활을 뒤로하고 1984년에 레닌기치(고려일보 전신)에 입사하였고 문예부 부장, 부주필을 역임하셨다. 고려일보가 존폐의 위기에 처했던 1994년부터 2000년까지 주필 겸 사장이 되어 그 어렵고 힘든 시기를 이끌어 오셨다. 그리고 본 신문사가 고려인협회의 관할로 넘어간 후로도 마지막 숨을 거두시는 순간까지 한글판을 맡아 최후의 힘과 정성을 쏟으셨다.

 또한 선생님은 훌륭한 작가, 시인으로서 사라져가는 카자흐스탄 고려인 한글문학을 앞장서서 이끌어 오신 분이다. 선생께서는 한글문학을 되살리기 위해 열정과 애정을 다하셨다. 양 선생님은 시집 3편과 우리 민족 전통에 관한 책도 펴냈으며 한국말 자습서도 출판했다. 또한 카자흐스탄의 거인 아바이 쿠난바예브의 '잠언'과 나자르바예브 대통령의 '21세기 문턱에서'란 저서를 번역하셨다.

 선생님께서 세상에 더없이 선량하고 할일이 많으신데 세상을 등져 버리셨다. 선생님은 무엇보다도 고려일보에서 함께 일했던 동료들과 선생님이 사귄 사람들의 가슴속에 선량한 인간적 품성이라는 잊을 수 없는 보배를 남기시고 가셨다. 우리는 그 보배를 영원히 잊지 않을 것

이다.'

　윗글은 고인의 영결식을 마치고 '카자흐스탄 동포사회의 거목 양원식 선생 운명하시다'라는 제목으로 2006.5.11자 고려일보에 게재한 전 고려일보 편집국장 김성조 님의 글이다.

　유소년 시절을 북한에서, 청년 시절은 러시아에서, 그리고 장년 이후의 삶은 중앙아시아 카자흐스탄에서, 조국과 고향을 등지고 떠돌이 유랑민 생활을 하면서 고향에 두고 온 부모 형제를 그리워하며, 얼마나 많은 망향의 한을 품고 살았을까를 생각하니, 한민족의 슬픔을 온통 당신의 몸에 짊어지고 가지 않았는지 하는 생각을 해본다. 이 같은 마음은 양 선생의 시에도 잘 나타나 있다. 양 선생의 시 두 편을 읊조리며 글을 마감한다.

　　　찬바람 흘러드는 차창 가 아득히／ 떠나온 내 고향은 수 천리건만／
　　　때 없이 그리운 곳 고향이라네／／
　　　진달래 곱게 피는 고향 언덕에／ 하아얀 연 띄우며 뛰놀던 시절／
　　　철없이 바라보던 푸른 하늘이／ 때 없이 그리운 곳 내 고향이라네／／
　　　따뜻한 봄바람 산들 부를 때／ 가슴은 설레어도 말은 못하여／
　　　멀리서만 바라보던 그 아가씨 모습／ 때 없이 그리운 곳 내 고향이라네／／

　　　　　　　　　　　　　　　　　　　　양원식, 「내 그리운 고향이라네」

이 해님이 늦시각/ 어머님은 어디에 게시는지?/ (…)/ 다만 하루라도/
우리 어머님/ 한가로이 앉아 계시는 걸 봤으면…//
다만 한번이라도/ 어머님 맥을 제 손으로 짚어보며/
몸이 어떠시냐고 물어봤으면… //
다만 한번만이라도/ 명절상 푸짐히 차려놓고/
온 동리사람들 불러/ 즐거워하시는 어머님을 봤으면//

양원식, 「어머님 생각」 일부

고려인 어르신들의 한글 교실

"ㄱ, ㄴ, ㄷ, ㄹ" 선생님의 구령에 맞추어 한글 자음을 쓴다. 생전 처음 써 보는 글자가 신기하기만 하다. 칠판 앞에 나오신 70대 할머니 두 분의 손가락을 따라 어르신들 23명 46개의 눈동자가 움직인다. 필순도 맞지 않고 글자도 삐뚤빼뚤하지만 배우려는 의지만은 대단하다. 알마티 한국교육원에 개설한 사랑방한글학교(고려인노인대학)에서 한국어 수업이 시작된 것이다.

 카자흐스탄 국적을 가지고 이 땅에서 사는 고려인들, 얼굴 모습은 영락없는 한국인인데 이분들의 입에서 나오는 말은 한국말이 아닌 러시아어다. 이분들에게는 한국어는 낯선 외국어다. 이곳 고려인들에게 한국어 교육은 단순한 문자 이해나 지식 습득이 아니다. 자신들의 뿌리를 찾는 배움이고, 한민족의 동질성과 정체성을 찾아가는 교육이다. 일 년 과정을 마치고 나면 뜨덤뜨덤 책을 읽기도 하고, 자기 생각을 간단한 문장으로 표현할 줄도 안다. 언어는 단지 의사소통의 의미만이 아니다. 자기가 속한 민족 공동체를 나타내는 도구이며 또한 같은 언어를 사용하는 사람들끼리 하나라는 의식을 갖게 하는 중요한 매체인 것이다. 이런 면에서 볼 때 고려인들 가운데 한국어가 사라져 버렸다는 것은 한민족으로서의 공동체 의식 또한 동시에 사라졌다는 반증이 된다.

　카자흐스탄 각 지역에는 한민족의 후손인 고려인이 10만여 명 흩어져 살고 있다. 이들은 스탈린에 의해 1937년 겨울 자기들의 보금자리였던 연해주에서 중앙아시아로 강제로 이주당해 온 한민족의 후손들이다. 피눈물 나는 초창기 고난을 극복하고 살아남은 고려인들 후손이다. 구소련 시절에 러시아어로 교육을 받고 자란 이들은 자기네 조상의 나라인 한국의 언어를 잃어버렸다. 1991년 구소련이 해체되고 중앙아시아의 각 나라들이 독립하게 되었는데, 잃어버린 자신들의 언어와 문화들을 다시 찾고 세우며 자기 민족의 정체성을 찾기 시작했다. 고려인들 사이에서도 자신의 정체성에 대한 새로운 고민이 머리를 들기 시작했다. 정체성에 대한 고민과 함께 자신들의 뿌리에 대한 자녀들의 질문에 시원한 대답을 주지 못하는 자신들을 발견하게 되었다. 이러한 고려인들을 지켜본 한국인 중 몇 사람이 뜻을 모아 문을 연 것이 알마티 사랑방 한글학교(알마티 고려인 노인대학)다.

　내가 이곳에 들어와서 고려인들을 대할 때마다 같은 동포이면서 가까이하지 못하는 안타까운 마음이 늘 있었다. 언어 소통이 안 되다 보니 가까이할 수가 없었다. 이대로 가다가는 세월이 흘러갈수록 핏줄만 같을 뿐이지 한민족의 얼과 전통문화가 완전히 단절되겠다는 생각이 들었다. 그래서 이분들의 뿌리와 정통성을 찾아주는 교육이나 사업이 있으면 좋겠다는 강한 열망을 품게 되었다. 이런 와중에 알마티 한국교육원 이건호 원장님이 고려인 노인대학을 개설해 보면 어떻겠냐는 제안을 하였다. 나는 전폭적인 공감을 했다. 그리하여 이영우 선생과 함께 실무진을 구성하고 현지 교민 신문에 수강생 모집 광고를 냈다. 한 달간 준비 기간을 갖고 2012년 3월 14일 알마티 한국교육원 세미나실에서 첫 개강식을 가졌다. 60세 이상 고려인 어르신 27명이 등록했는데 개강식에 23명이 출석했다.

　수업은 매주 수요일 오전 10시에 시작하여 두 시간 동안 한국어와 한국 역사 강의를 하고 12시에 교육원 식당에서 한식으로 다 같이 점심을 먹었다. 오후에는 특활 시간으로 건강 체조, 한국 민요, 가요와 전통춤, 사물놀이, 한복 입는 법, 절하는 법, 한국 음식 만들기 등을 가르쳤다. 교장인 나는 한국어와 한국 역사를 강의했는데 한국 역사 강의에 특별히 관심을 가지고 경청하면서 질문도 많이 하는 것이었다. 이분들은 학창 시절 사회주의 교육과정에서 한국사는 전혀 들은 바가 없다고 했다. 고대사로부터 시작하여 대한민국에 이르기까지 5천 년 한국 역사 이야기에 넋을 잃을 정도로 흥미와 호기심을 보여주었다. 이들의 직계 선조인 고려인들이 중앙아시아로 강제 이주를 하면서 당한 고통을 이야기할 때는 강의하는 나도 목이 메어 눈시울이 뜨거웠고, 수강생들도 숙연해져 여기저기서 눈물을 훔치기까지 했다. 고려인 강제 이주 역사의 산 증인들이 내 앞에 앉아 있고, 이분들이 겪은 고난의 흔적이 하나의 역사가 되어 오롯이 내게 느껴지는 것이었다. 한국사 시간은 항상 감동의 도가니였다.

일 년 과정을 마치는 날 고려인 식당을 빌려서 종강 파티를 했다. 70세가 넘은 수강생 할머니가 울먹이며 떨리는 목소리로 소감을 발표했는데 그날의 정경이 잊히지 않는다.

"우리가 모래알처럼 흩어져서…… 가까운 몇 사람 외에는 몰랐는데 이렇게 노인대학을 통해서 한국에서 온 선생님들과 새로운 친구들을 만났고, 우리 조상 나라에 대해서 뿌리를 알게 되었습니다. 특히 역사를 공부하면서 우리 조상 나라가 어떤 나라인가를 알게 되고 연해주에 살던 조상들 내력을 알려주어 너무나 고맙습니다."

82세 최고령인 김 예브게니 할아버지는 다음과 같이 수강 소감을 발하셨다.

"나는 고려인이지만 카자흐스탄 국민으로 살아오면서 자식들에게 내 뿌리에 대해서, 역사에 대해서 말해주지 못했습니다. 그러나 이제는 말해줄 수 있습니다. 한국 역사를 배우며 나는 비로소 내가 누구이며 그 험난한 고난을 이겨낸 한민족의 후예라는 것을 확실히 알게 되었습니다."

한 분 한 분 이어지는 소감 발표에 때로는 눈물을 흘리기도 하고 때로는 박수가 터져 나온다. 이분들의 이야기를 듣는 순간 사랑방 한글학교(고려인 노인대학)를 개설하고 고려인 어르신들과 함께한 시간이 참으로 값지고 소중한 시간이었음을 다시금 느낀다.

고려인 어르신들을 위한 이 교실은 배움의 열기로 항상 뜨겁다. 때로는 웃음소리로 교실이 떠나갈 듯하고, 때로는 자신들의 부모, 조부모 세대를 생각하며 눈물짓기도 한다. 비록 1년 과정이지만 한국의 언어와 역사 그리고 다양한 한국 문화를 배우고 익히는 가운데 자신들의 뿌리를 찾아가는 과정인 것이다.

고려인 노인대학 2기 졸업생인 황 겔랴 여사(고등학교 교장 은퇴)가 한국 역사 강의를 수강하고 나서 지은 시 한 편을 소개한다.

오, 나의 대한민국이여!

오! 대한민국, 작지만 위대한 나라!
너는 얼마나 많은 고초 가운데 살아남았는가?
짓눌리고 고통당할지라도
무릎 꿇지 않고
굴복하지 않았으니
불 가운데서도 참아내고,
물 가운데서도 건디어내고,
너는 고개를 높이 들고 위대한 성취를 이루었다.

오천 년의 찬란한 역사와
해 뜨는 아침의 나라로
너는 온 세상에 네 이름 떨치었다!

영원한 젊음이 너와 함께하기를……

너를 승리의 나라라고 부르리라.
왜냐하면 견디어냈고 이겨냈고
마침내 너의 기적으로
세상을 놀라게 했기에…….

나는 고려 사람
카자흐스탄에서 살아가지만
마지막 숨이 살아 있는 그날까지
대한민국 너를 바라보며 살리라
너를 '나의 조국'이라고 부르도록 허락한다면
나는 너를 친어머니와 같이 뜨겁게 품에 안으리라.

(2013. 12. 황 겔랴 시 / 조성효 역)

한국, 이렇게 좋은 나라인 줄 몰랐어요
- 고려인 어르신들의 모국 방문 -

사랑방 한글학교(고려인 노인대학) 첫 학기가 끝날 무렵 수강생 중 가장 연세가 많은 김 예브게니 어르신이 한국말로 더듬거리며 "우리 한국 가보고 싶어요. 우리 한국에 보내 주어요."라고 말씀하시자 기다렸다는 듯 여기저기서 이구동성으로 "우리 한국에 보내줘요. 꼭 가보고 싶어요."라며 마음속에 담아놓았던 소원을 소리 내어 말하는 것이었다.

이분들의 생활 형편이 어렵다는 걸 알고 있는 나로서는 선뜻 대답할 수가 없었다. 한 달에 이삼백 불(30~40만 원) 정도의 연금으로 생활하는 분들인데 여행비를 마련하기가 쉽지 않으리라 여겨져 한 귀로 듣고 흘러버렸다. 그러나 기회 있을 때마다 '우리 꼭 한번 한국 구경시켜 주세요.'를 외치는데 듣기가 참 부담되었다. 그런데 처지를 바꿔 생각하니 '나 몰라라.' 할 수마으 없을 것 같다는 생각이 들었다. 그렇게도 조국을 그리워하다가 한국 땅 한번 밟아보지 못한 채 낯선 이국땅에서 세상을 떠난 부모 세대를 생각하니 이분들의 소원을 외면한다면 두고두고 후회할 것만 같았다.

　알마티 한국교육원 2층 복도에는 대한민국임시정부 국무총리를 역임한 독립운동가 이동휘 선생을 비롯하여 봉오동전투의 영웅 홍범도 장군, 전 재산을 독립운동 자금으로 제공한 최재형 선생, 평생을 조국의 독립과 한글, 한국 문학, 한국 역사 연구와 보급을 위해 헌신한 계봉우 선생 등 독립운동가 열두 분의 초상화가 걸려있다. 이분들의 독립운동 역사를 간략히 기록해 놓은 액자가 사진과 함께 게시되어 있다. 나는 이 복도를 지날 때마다 조국광복을 위해 몸 바쳐 희생하신 숭고한 이름 앞에 옷깃을 여미곤 했는데, 이분들의 직계 자손 중에는 우리 사랑방 한글학교에서 한국어를 익히고 한국 역사를 공부하는 어르신들이 여러 사람이 계신다. 이분들이 평생소원인 조국 강산을 한번 가보고 싶다는데, 어떻게 모르는 체할 수가 있단 말인가. '그렇다, 어

떻게든 이분들의 소원을 풀어드리자'라는 생각이 내 가슴을 두드리기 시작했다.

'어르신들이 어느 정도까지 부담할 수 있겠느냐'라고 물어보았다. 그랬더니 왕복 항공료 정도는 부담할 수 있을 것 같다고 했다. 그렇다면 불가능한 일은 아니라는 생각이 들었다. 여행계획서를 작성하여 내가 출석하는 교회의 선교사님에게 보여드렸더니 참으로 좋은 생각이라며 친구 목사님에게 연락해 보겠다고 하였다. 일산, 포항, 부산 등 몇 곳을 알아봐 주셨다. 이건호 원장님은 서울과 진도에 연락하여 도움을 요청했고, 나는 청주, 대구, 경주, 울산, 진도, 서울 등 전국 각 지역 기관장님에게 이메일로 후원 요청 공문을 보냈다. 그렇게 백방으로 연락하자 일주일쯤 지나면서 답변이 오기 시작했다. '죄송하지만 저희가 행사가 많아서 못 하겠네요'라는 답변도 왔고, '모시고 오면 정성껏 대접해 드리겠다.'라는 매우 고무적인 답을 보내 주기도 했다.

카자흐스탄을 다녀간 지인 중에는 한국에 오시면 식사 한 끼는 자기가 대접하겠다는 분들이 여러분 나왔다. 청주서남교회에서는 한국 도착하는 날의 숙박과 일주일간 관광버스를 제공하겠다고 약속했다. 서울 목동 지구촌교회에서는 서울 체류하는 3일간의 숙박과 교회 버스를 제공하기로 하였다. 부산 산성교회와 포항 기쁨의교회에서 각기 1박 2일간의 비용을 담당해 주기로 했다. 서울 서경대학 이 교수님은 학술자료 수집차 알마티에 왔을 때, 노인대학에서 특강을 한 인연으로 모국방문단 서울 오면 식사 대접도 하고, 버스를 제공하겠다고 약속했다.

그런가 하면 카자흐스탄 쉼켄트에서 사업을 하는 서울무역 배대환 사장님은 귀한 일에 동참하고 싶다며 거액의 후원금을 약속했고, 한인회 엄 회장님과 민주평통 자문위원을 역임한 강 사장님이 각기 금일봉을 지원했다. 아시아나항공사에서는 항공료를 파격적으로 할인해 주기로 약속했고, 멀리 진도국립국악원에서는 2박 3일간 국악원에서 숙박하며 우리 고전 음악을 연수하도록 허락했다. 그 외 대구시청, 경북도청, 해운대구청, 부산대학교 평생교육원 등 여러 기관에서 지원을 약속했다.

그리하여 11박 12일 일정으로 서울을 비롯한 우리나라의 주요 도시

와 농촌, 그리고 산업시설과 역사 유적지들을 돌아볼 수 있게 되었다. 안내하는 교사들도 감격이 컸지만, 조국 땅을 직접 밟고 아름답게 발전한 대한민국을 보게 된 어르신들의 감동은 이루 말로 표현할 수 없을 정도였다.

이분들이 놀라셨던 것이 한둘이 아닌데 특히 고속도로 휴게소에 들어가면 깜짝 놀라곤 했다. 어떻게 화장실이 이렇게 깨끗할 수 있느냐며 감탄하는 것이었다. 그리고 도로를 달리다 보면 그 많은 논밭이 산뜻하게 정리되어 있어서 황무지가 많은 카자흐스탄에 비하면 너무나 놀랍다며 한국의 농업 발전이 꿈만 같다는 것이었다. 경주 불국사, 천마총, 안압지, 서울 국립박물관과 천안 독립기념관, 그리고 울산의 현대중공업 조선소는 경탄의 대상이었다.

  바다가 없는 내륙지역에서 살다가 처음으로 광활한 바다를 보며 감동하고 아픈 병이 치유되는 기적과 같은 일도 일어났다. 지팡이를 짚던 분이 바다를 보고 나서는 활기차게 걸으며 모든 여행 일정을 소화하는가 하면, 당뇨에다 혈압이 높은 분들도 있었는데 몸 건강히 한국의 이곳저곳을 다 둘러보셨고 오히려 더 건강해져서 카자흐스탄으로 돌아가기도 했다. 무엇보다도 자신들을 따뜻이 맞이해 주는 한국 사람들의 정이 넘치는 미소, 식사 때마다 다양한 맛난 음식들로 대접해 주는 정성에 한없는 고마움을 느끼는 것이었다. 도지사, 시장, 군수, 구청장 등 기관장님들이 직접 나와 영접하고 환영해 주는 걸 보며 조국이 자신들을 버리지 않았다고 감격해하는 것이었다.

  진도의 국립남도국악원에 갔을 때의 일이다. 2박 3일간 사물놀이와 전통춤도 배우고 진도아리랑도 한 소절 부르면서 진도의 아름다운 자연을 만끽하고, 마지막 날 아침 서울로 출발하는 관광버스를 타려는 순간이었다. 어르신 몇 분이 소나무 밑으로 쏜살같이 달려가셨다. 무언가를 비닐봉지에 담아서 오셨는데 그것은 한 움큼의 흙이었다. 그 흙을 카자흐스탄에 가져가 부모님 산소에 뿌려드릴 것이란다. 수십 년간 가슴에만 담아놓고 그 누구에게도 말하지 못했던 서러움과 그리움이 한 움큼의 흙으로 녹아내리는 순간이었다. 이분들이 삶의 터전인 중앙아시아에 돌아가도 이제는 조국을 등진 이방인으로서의 나그네 삶이 아

니라 든든한 뿌리가 있는 당당한 한국인으로 살아갈 자부심을 담아 가는 그런 감동적인 순간이었다.

지방 탐방을 마치고 서울로 올라온 방문단 일행은 경복궁을 시작으로 전통과 현대가 살아 숨 쉬는 역사의 현장을 돌아보았다. 국립중앙박물관에서는 한국의 전통문화와 역사를 체험하는 시간도 가졌다. 또한 한국관광공사 후원으로 정동극장에서 연극을 관람한 후 배우들과 함께 기념 촬영도 하였고, TV에서만 보던 KBS 가요무대도 직접 방청할 수 있었다. 마지막 출국 날에는 공항 도착하기 전 최신 의료기기와 의술을 자랑하는 인천국제성모병원을 방문하여 간단한 건강 체크와 함께 건강 상담도 받았다. 그리고 아시아나항공 격납고를 방문하여 거대한 항공기를 정비하는 모습을 견학하였다. 어마어마한 규모의 시설을 보았고, 빈틈없는 운영관리 체계에 대한 설명을 들었다. 모국이 진정 선진국임을 실감하는 시간이었다.

알마티에 돌아온 모국방문단은 여행 소감을 나누는 시간을 가졌다. 어르신들은 이구동성으로, 선진국으로 발돋움한 한국의 모습에 자부심을 느끼게 되었다면서 앞으로 한국어와 한국 역사를 더욱 부지런히 배워 자랑스러운 한민족의 후손으로서 정체성을 가지고 살아가겠다고 말하였다. 꿈같은 시간을 보낸 모국에서의 열하루 일정은 평생 잊지 못할 추억으로 가슴 깊이 새기고 살 것이며, 자손들에게도 한국어를 배우도록 독려하고 그동안 보고 느꼈던 것들을 전하겠다고 말했다. 어떤 어르신은 눈물을 흘리면서 그간 조국을 잘 몰라 기가 죽어 움츠리고 살았는데 내 조국을 두 눈으로 똑똑히 보고 나니 대한민국이 위대한 국가임을 알게 되었다며, 이제는 당당하게 조국을 자랑하며 기를 펴고 살 수 있게 되었다고 말하였다. 또 다른 어르신은 그간 모국인 한국에 대한 지식이 부족하여 자손들에게 제대로 말해줄 수 없었는데, 일 년간의 노인대학 수업과 모국 방문을 통하여 잃었던 조국을 찾게 되었다며 이제는 한국에 대해 그 누구보다 잘 얘기해줄 수 있겠다고 말하였다.

나이 드신 어르신들을 모시고 여러 날 여러 곳을 이동하는 것이 결코 쉬운 일은 아니었다. 하지만 고려인 어르신들이 행복해하시는 모습과 시간이 지날수록 한국인과 하나가 된 정서와 마음으로 한민족의 정체성을 찾아가는 걸 보면서, 이 행사를 추진하느라 밤잠을 설치고 애쓴 나 자신이 대견스럽다는 생각이 들었고, 남모르는 가슴 뿌듯한 만족감을 맛보았다.

고려인과 함께한 설악산 단풍 여행

 코로나로 인해 해외여행이 불가능했던 상황이 풀리면서 외국인의 국내 입국이 가능해졌다. 3년간 중단되었던 알마티 고려인 노인대학 졸업생 모국 방문이 다시 시작되었다. 여행은 떠나기 전에는 준비하며 설레어서 즐겁고, 돌아와서는 아름다운 추억을 회상할 수 있어서 즐거운 일 아닌가? 아내는 며칠 전부터 짐을 싸며 들떠 있는데, 나는 생각날 때마다 준비물 목록에 하나씩 추가하다 전날 저녁에서야 가방을 꾸릴 수 있었다.

    2022년 10월 19일 수요일, 우리 부부는 새벽 3시 반에 잠이 깨었다. 차가운 수돗물로 세수하고 택시를 불러 가경동 시외터미널로 갔다. 5시에 출발하는 인천공항행 직행버스가 대기 중이다. 두 시간 남짓 달려 인천공항 제1터미널에 도착했다. 제시간보다 거의 한 시간이 지나서 이영우 교장이 고려인 모국방문단을 인솔하고 출구를 빠져나온다. 3년 만에 다시 보는 고려인 어르신들을 포옹으로 얼싸안았다. 김 나제스다와 김 스베틀라나 여사는 노인대학 10년간 통역을 맡아 수고를 많이 한 분으로 정이 많이 들어 포옹한 손을 놓지 못하고 눈물마저 글썽인다.

    출입구를 빠져나와 대기하고 있던 관광버스에 탑승하여 이번 우리 행사 후원 기관인 서초구에 있는 사랑의교회로 향했다. 대예배실로 안

내받아 들어가니 마침 사랑의 교회 평생교육원 수업 일이어서 경로대학생 천여 명이 자리에 앉아 목사님의 강의를 집중하고 있다. 앞 좌석으로 안내받아 앉았다.

목사님의 강의가 끝나자, 우리 방문단 일행을 소개했고, 단상으로 올라갔다. 준비한 찬양 한 곡과 러시아 가요 '카투사' 노래를 러시아어와 한국어로 불렀다. 이어서 인솔 단장인 이영우 교장이 감사의 인사 말씀과 함께 알마티 고려인 노인대학 운영 상황을 이야기했다.

예배실을 나와 교회 근처 식당에서 점심을 대접받고, 버스에 탑승, 오늘 일정의 종착지인 속초를 향해 달렸다. 속초 아바이마을에 도착하니

네온사인의 화려한 조명이 어두운 밤하늘을 수놓고 있다. 소문난 맛집인 단천식당으로 들어가 아바이 순대국밥으로 저녁 식사를 하고, 숙소인 '이랜드 켄싱턴 호텔'로 이동했다. 단장인 이영우 교장 내외는 518호, 우리 부부는 519호실에 방 배정을 받았다. 네 명이 우리 방에 모여 감사 기도를 하고, 내일 일정을 확인한 후 10시가 넘어 잠자리에 들었다.

모국 방문 둘째 날이 밝았다. 오늘은 권금성을 오르는 일정이다. 뷔페식 조반을 먹고 9시 반 호텔 마당에 모였다. 숙소에서 도보로 7분이면 닿을 수 있는 가까운 거리여서 걸어서 케이블카 탑승장으로 갔다. 주말도 아닌데 2차선 도로가 관람객으로 붐볐다. 그간 자가격리로 갑갑해 하던 사람들이 단풍철을 맞아 행락 길에 나온 것 같다. 전국 각지에서 올라온 차량과 인파로 2차선 도로가 꽉 찼다.

설악산 국립공원 소공원에 도착하여 케이블카 입장권을 샀는데 한 시간 대기해야 차례가 온다고 한다. 삼삼오오 소공원을 산책하며 곱게 물든 단풍나무 아래서 사진도 찍고, 아름다운 풍광을 보면서 이야기를 나누며 신흥사까지 다녀왔다.

입장 시간에 맞춰 케이블카 한 칸에 모두 탑승하였다. 기암절벽에 형형색색 화려한 색깔로 수채화를 그린 아름다운 단풍산을 감상하면서 권금성에 이르렀다. 이곳에서부터는 바위산 정상으로 올라가는 도보 등산코스다. 서두르지 않고 천천히 한발 한발 옮기며 정상을 향해 올라갔다. 83세 고령인 김 스베틀라나 여사는 무릎이 아프다고 주저앉으려고 한다. 여사를 부추겨 걷고 또 걸으며 대열에서 낙오하지 않고 따라붙었다. 안개가 약간 끼었지만 춥지도 않고 바람도 불지 않아 산행하기에 딱 좋은 날씨다. 온갖 색깔로 물든 단풍산과 화려한 등산복 차림의 인파가 어우러져 마치 총천연색 시네마스코프 영화의 한 장면을 보는 것 같다.

20여 분 걸어 마침내 정상에 도달했다. 온통 바위로 뒤덮인 바위산인데, 바위 끝은 천 길 낭떠러지다. 멀리 동해가 시야에 들어오자, 고려인들의 입에서 탄성이 터져 나온다. 바다 구경을 처음 한다는 어느 고려인 할머니는, 발길을 멈추고 서서 내려갈 생각을 안 한다. 봉화대 바위를 배경으로 사진을 찍고 하산 길을 재촉했다.

오후에는 내설악에 자리하고 있는 백담사를 탐방하였다. 백담사 들어가는 계곡은 깨끗한 계곡물과 주변 산의 한창 무르익은 단풍이 어울려 한 폭의 아름다운 천연색 산수화를 그려놓았다. 가을이 짧게 지나가는 카자흐스탄에서는 볼 수 없는 모국의 아름다운 자연풍경에 넋을 잃은 듯 눈을 떼지 못하며 감탄사를 연발한다.

해거름녘 늦은 시간이라 백담사 내부를 골고루 볼 순 없었다. 대충 「만해기념관(卍海紀念館)」을 둘러보았다. 시인 겸 독립운동가인 만해 한용운 선생이 잃어버린 국권을 회복하고자 투쟁하다 옥에 갇혔을 때 쓴 '옥중 투쟁 3대 원칙' 앞에서 내 발걸음이 멈췄다. "변호사를 대지 말라. 사식을 취하지 말라. 보석을 요구하지 말라."는 말이 나의 심장을 울린다. '이제 내 나라에서 죽으니, 한이 없다.'라는 생사를 초월한 정신으로, 자신이 직접 추가한 〔공약 3장〕 그대로, 최후의 일인까지, 최후의 일각까지 굳세게 주체적인 삶을 살다 간 만해 한용운 선생의 나라 사랑의 감동이 몰려온다.

날이 어두워져 속초 시내로 들어가 '우성옥'에서 약수 돌솥 정식을 먹었다. 오늘 저녁 식사는 속초 열방교회 목사님이 대접해 주셨다. 식사 후 '청초 호수공원'을 산책하며 한 시간을 보내고 켄싱턴 호텔로 돌아왔다.

잠시 휴식을 취한 후 호텔 큰 방에 열네 명이 모두 모였다. 어제와 오늘 이틀간 여행한 소감과 함께 고려인 노인대학의 발전 방향을 발표하는 시간을 가졌다. '우리 조상의 나라가 이처럼 아름답고 좋은 나라인 줄 미처 몰랐다.'라는 이야기와 함께 '이렇게 좋은 곳을 볼 수 있게 도움을 주신 분들에게 감사한다.'라는 말을 한다. 고려인 노인대학의 발전을 위한 이야기에서는 '마음을 하나로 뭉쳐야 하는데 그렇지 못한 면이 있다.'라는 이야기도 한다.

모두가 돌아가며 자신의 소견을 이야기한 끝에 마지막으로 초대 교장을 지낸 내게 한 말씀 하시란다. 나는 다음과 같은 말을 했다.

"나는 오늘 권금성을 오르며 계단을 올라갈 때 나무뿌리가 밖으로 돌출되어 나와 있는 것을 보았습니다. 그 뿌리가 사람들의 발에 얼마나 많이 밟혔는지 반들반들하게 윤이 날 정도로 닳아 있었습니다. 그런데 뿌리는 그렇게 닳았어도 나무줄기와 끝에는 잎이 달려있고, 노랗고 빨

갗게 물들어 제 모습을 자랑하며 당당히 서 있는 모습을 보고 놀랐습니다. 또 하나 놀라운 발견은 깎아지른 바위 벼랑 끝에 뿌리를 내리고 자라는 소나무와 단풍나무를 본 것입니다. 흙도 없는 바위에서 나무가 자라고 있다는 것이 놀라웠고, 강인한 생명력에 감탄했습니다.

이들 나무의 모습에서 고려인의 모습을 연상했습니다. 여러분 조상들이 한반도에서 살기가 어려워 원동 지역으로 들어가 땅을 개간하고 농사를 짓고 살았는데, 그곳에 뿌리를 내리고 살만하니까 황무지의 낯선 땅 중앙아시아로 강제 이주를 당했지요. 하지만 온갖 고난을 극복하고 열심히 일하면서 자녀들을 잘 교육해 오늘날 카자흐스탄에서 뿌리를 내리고 살면서, 카자흐스탄 130여 민족 가운데 가장 존경받는 자랑스러운 고려인이란 말을 듣게 되었지요.

고려인과 한국인, 우리는 한뿌리에서 갈라져 나온 한 형제요 자매임을 잊지 않고 세계 어느 곳에 가서 살든 당당하게 살았으면 좋겠어요."

어제와 오늘 고려인 어르신들과 함께 같은 호텔에서 잠을 자고, 함께 걸으며 이야기를 나누고 교제하면서, 한 동포라는 동질감을 뜨겁게 느꼈다. "하얀 꽃 핀 건 하얀 감자. 파 보나 마나 하얀 감자."라는 민족시인 권태응 선생의 시가 생각났다. 우리의 핏속에는 한민족이라는 DNA가 흐른다는 사실을 실감하는 시간이었다. 이분들이 일주일간의 짧은 여행이지만 한국이 자신들의 진정한 모국임을 알고, 자신들의 정체성을 확실히 찾는 계기가 되길 비는 마음 간절하다.

제2부

한국 독립을 위해 싸운 고려인 이야기

내가 만난 홍범도 장군

 2008년 9월 25일 목요일, 홍범도 장군을 만나러 가는 날, 설레는 가슴을 진정하고, 2박 3일간 여행에 필요한 물품들을 챙겨서 가방에 담았다. 한복 정장을 별도로 준비하여 휴대하였다. '홍범도 장군 탄생 140주년 기념 국제학술대회'에 발제자로 초청받아 참가하게 된 것이다.
 알마티 한국교육원 지인혜 부원장과 함께 알마티 공항으로 갔다. 공항 대기실에서 주카자흐스탄 한국대사관 알마티 분관장인 이양구 공사, 김로만 고려인협회 회장과 부회장 등 일행을 만나 인사를 나누었고, 취재차 동행하는 카자흐 TV 최 엘라 보도국장도 만났다.

 프로펠라 항공기에 탑승, 2시간 40분을 날아 오후 6시 반에 크질오르다 공항에 도착했다. 허허벌판에 지어진 공항은 모래바람이 일어 시야를 흐렸다. 30도를 웃도는 늦여름 불볕더위가 숨 막히는 압박감을 준다. 하지만 마중 나온 크질오르다 고려인협회 박 발레리 회장을 비롯한 임원들이 꽃다발을 안겨주며 우리를 환영했다. 우리 일행은 곧바로 시외곽지역에 있는 홍범도 장군 묘소로 안내받았다. '통일문'이라고 한글로 쓴 문을 들어서니 정면에 홍범도 장군의 흉상이 보였다. 흉상 앞에

서 꽃다발을 바치고 잠시 묵념으로 참배했다. 흉상 왼쪽에는 '1937 다시는 반복되지 않기를'이라고 새겨진 비석이 있었다. 1937년 강제 이주의 아픔을 다시는 반복되지 않기를 바라는 고려인들의 염원을 담은 것 같았다. 홍범도 장군 묘역 옆에는 독립운동가 계봉우 선생의 묘가 있어 둘러보았다.

  참배를 마친 우리 일행은 숙소인 '세레나 스타' 호텔로 이동하여 구내 식당에서 저녁 식사하고 밤 10시 배정받은 방으로 들어가 첫날의 여정을 풀었다. 잠을 자려고 침대에 누웠는데 어찌나 방 안이 추운지 잠이 안 온다. '한낮의 열기는 어디로 가고 이렇게 추울까?' 목욕 가운을 덧입고 양말을 신고 잠을 청했다. 카자흐스탄은 국토가 넓기도 하지만 내륙 지역이어서 그런지 일교차가 컸다.

이튿날 아침 식사 후 한복 바지저고리에 두루마기까지 갖춰 입고 학술대회 장소인 크질오르다대학교로 갔다. 오전 10시부터 두 시간 동안 3개 부분으로 나뉘어 주제별 세미나를 열었다. 나와 지인혜 선생은 '한국 문화 전통 예절' 부분에 배정되었다. 나는 발제자로 나서 한민족의 전통 인사 예절에 대해서 발표했다. 옷고름 매는 법, 대님 매는 법, 공수법(拱手法), 절하는 법, 남녀 예절의 차이점 등에 대하여 시범을 보이며 발표했다. 남자의 절하는 법은 내가 한복 정장 차림으로, 여자의 절하는 법은 지 선생이 여자 한복을 곱게 차려입고 단아한 모습으로 시범을 보여주었다. 발표 후 질문도 많이 나오고, 나이 지긋한 고려인 교수는 '지금까지 절하는 법을 제대로 알지도 못하고 절을 했는데 교수님을 통하여 잘 알게 되었다.'라며 무척 고마워한다. 카자흐인 여교수는 '맵시 있고 아름다운 한복과 수준 높은 한국의 예절'에 대해 알게 되었다며 한국은 문화 선진국이라는 말을 한다.

　분과별 세미나를 마치고 오후 3시부터는 대강당에서 교수, 학생들이 꽉 메운 가운데 종합발표회를 가졌다. 총장의 환영 인사말에 이어 이양구 분관장, 고려인중앙회 김로만 회장의 축사가 있었고, 이어서 대진대학교 이천수 총장, 한국외대 반병율 교수, 강남대 김필영 교수와 현지 교수의 논문 발표가 이어졌다.

　세미나가 끝나고 시내 극장으로 이동하여 축하 공연을 관람했다. 주지사를 비롯한 지역 인사들의 축사가 끝난 후 고려극장 전속 예능인들의 한국가요, 사물놀이, 한국 전통 무용, 부채춤 등 다채로운 공연이 밤 9시까지 계속되어 홍범도 장군의 독립 정신을 기렸다. 카자흐스탄 고려인들의 높은 위상과 사회적 위치를 확인할 수 있는 귀한 행사였다. 공연이 다 끝나고 숙소인 호텔 식당에서 주최 측이 준비한 만찬에 참석하여 음식을 들면서 대화를 나누는 시간을 가졌다. 한복 입은 나와 지 선생의 주변에는 카자흐인 내빈들이 한복과 한국 예절 등에 관하여 많은 질문을 하며 이야기를 걸어와 한국과 한국 문화를 현지에 알리는 자리가 되기도 했다.

홍범도, 그는 누구인가?

1868년 평양에서 빈농의 아들로, 태어나자마자 어머니를 여의었고 8살에 아버지마저 돌아가셨다. 숙부 집에 얹혀살게 된 홍범도는 남의 집 머슴살이도 했다. 15살 때 평안감영의 나팔수로 입대했고, 그 후 제지 공장 노동자, 금강산 신계사 승려 등을 거쳐 포수 노릇도 했다.

그가 항일운동에 본격적으로 뛰어든 계기는 동학 농민운동(1894년)과 명성황후 시해 사건(1895년)이었다. 1895년(27세) 11월 강원도에서 포수와 빈농 40여 명을 규합해 의병부대를 만들었다. 1904년 가을에 함경도 북청의 일진회 사무실을 습격했고, 1907년과 1908년에는 함경도 일대에서 수십 차례 게릴라전을 벌여 일본 군경을 무찔렀다. 1908년 11월 러시아 연해주로 망명해 국내 진공 작전을 펼치고, 1910년 6월 우수리스크에서 결성된 13도의군에 참여했다. 1919년 5월 대한독립군을 창설한 뒤 8월 함경도 혜산진의 일본군 수비대를 습격해 이름을 떨쳤다. 그 후 대한국민회 산하로 들어가 대한북로독군부의 사령관을 맡았다.

 장군이 52세 되던 1920년 6월 4일 만주에서 항일 무장 독립군과 일본군 사이에 전투가 벌어졌는데 홍범도 장군이 이끈 유명한 봉오동전투다. 나흘 동안 치열했던 이 전투에서 일본군 300여 명이 사살되었다. 이는 독립군이 만주에서 일본군과 교전한 첫 번째 큰 전투였다. 홍범도 장군은 백발백중 사격술과 뛰어난 전술로 일본군과 싸워 대승을 거두며 '나르는 호랑이'라는 별칭이 붙었는데 일본군이 제일 무서워하는 한국 독립군 장군이 되었다. 홍범도 장군은 봉오동전투를 승리로 이끈 뒤 그해 10월에는 청산리(靑山里) 대첩에 제1연대장으로 참가하여 제2연대장 김좌진, 제3연대장 최진동과 함께 일본군을 크게 격파했다.

 이러한 전투뿐 아니라 민족의 역사 교육에도 관심이 많았던 홍범도 장군은 오동진 장군과 함께 배달민족의 역사서 환단고기(桓檀古記) 초간본을 발간하는데 인쇄비를 충당하기도 했다.

 홍범도는 1923년 군복을 벗은 뒤, 연해주 집단농장에서 일하던 중 스탈린에 의해 1937년(69세) 11월 카자흐스탄 크질오르다로 강제 이주를 당했다. 블라디보스토크에 있던 고려극장도 함께 이곳으로 옮겨왔는데 홍범도는 밤에는 고려극장 수위, 낮에는 정미소 노동자로 일하며 외롭게 말년을 보냈다. 끝내 조국광복을 보지 못하고 1943년 10월 25일 75

세를 일기로 세상을 떠났다.

　항일 독립운동 중 아내와 두 아들을 잃고 오로지 조국광복을 위해 투쟁하다가 카자흐스탄 크질오르다[7]에 묻힌 홍범도 장군, 광복된 지 67년이 지났지만, 아직도 고국에 돌아오지 못하고 낯선 먼 이국땅 허허벌판에 누워 있다.[8] 선진국으로 발돋움한 대한민국이 하루라도 빨리 이 위인의 유해를 모셔 와야 도리라고 생각한다. 비록 홍범도 장군은 이 세상을 하직했지만, 고려극장 무대에서 연극 '홍범도'로 부활하여 고려인 동포들의 가슴속에 살아왔다. 한-소 수교 이후에는 우리 정부가 주도한 홍범도 장군의 묘소 성역화 사업으로 동포들과 현지인들의 기억 속에 다시 살아났고 지금까지 이르고 있다.

---

7) 크질오르다 : 카자흐스탄 남부에 있는 도시로 소련 시기인 1920년대 후반엔 카자흐자치공화국의 수도였고, 1937년 고려인 강제 이주 초기에는 고려인 사회의 교육과 문화 중심지 역할을 했던 곳이다. 레닌기치신문(고려일보 전신), 고려극장이 함께 이주한 곳이며 항일 독립투사 홍범도와 계봉우 선생의 유해가 묻혀 있는 묘역이 있고, 시내에는 홍범도 거리가 있다. 중앙아시아의 벼 생산 중심지로 유명한 이 도시 주변에는 고려인들이 건설한 많은 집단농장(콜호스)이 있다.
8) 홍범도 장군 유해는 순국 78주년인 2021년 8월 18일 한국으로 송환하여 대전 현충원에 안장하였다.

독립운동가 계봉우 선생

　카자흐스탄에는 독립유공자후손회에서 주관하는 연중 두 개의 큰 행사가 있다. 하나는 3·1절 행사이고 또 하나는 순국선열의 날(11월 17일) 행사다. 이 두 행사는 주로 알마티 한국교육원 대강당에서 거행되는데 이 큰 행사를 책임지고 추진하는 분이 있다. 바로 독립운동가 계봉우 선생의 직계 손자인 계 니콜라이 씨다.

　행사일이 다가오면 포스터를 가져와 교육원 요소요소에 붙이고, 행사장 강당에 현수막을 걸고, 태극기와 카자흐스탄 국기를 단상에 설치도 하며 분주하게 움직인다. 시골 머슴처럼 허름한 작업복 차림에 손수 물품들을 나르면서 온갖 궂은일을 도맡아 챙기며 행사를 준비한다. 이분은 카자흐스탄 독립유공자후손회 회장이신데 항상 겸손하게 섬기는 자세로 지도력을 발휘하고 있어 이분 앞에 서면 머리가 숙어진다.

　이분은 음악적 재능도 있어 자신이 지은 시에 곡을 붙여 기타로 반주하며 노래를 부르기도 한다. 가사 내용은 주로 독립 유공자의 넋을 위로하고 현지 고려인의 애달픈 삶을 노래하는 시다. 행사 당일 특별 순서로 기타를 어깨에 걸치고 앞에 나가 기타를 치며 노래를 불러 큰 박수갈채를 받기도 한다.

이분을 통하여 계봉우 선생이 어떤 분인지 조금은 알게 되었다. 어느 날 이분과 대화할 시간이 있었는데 조부인 계봉우 선생에 대하여 다음과 같은 일화를 들려주었다.

'제가 어릴 적에 할아버지는 외출도 안 하시고 혼자 방에서 뭔가를 쓰고 계시는 날이 많았는데, 할아버지 곁에 가려고 하면 부모님이 할아버지를 방해하지 말라고 했다. 궁금해서 몰래 창호지 문틈으로 할아버지의 모습을 본 적이 있다. 책과 종이 뭉치가 자기의 키 높이만큼 쌓여있었다. 할아버지는 낮이나 밤이나 글을 쓰셨다. 할아버지가 쓴 글들은 모스크바 학교로 보내졌다. 어릴 적 일이라 할아버지가 한국의 독립을 위해 어떤 일을 했는지는 구체적으로 모른다. 부모님이 자세히 말해주지 않았기 때문이다. 행여 할아버지가 독립운동했다는 얘기가 밖으로 새어 나가면 감옥에 끌려갈 수도 있었기 때문에 철모르는 손자에게 들려주지 않은 것 같다. 어른이 되어서야 할아버지가 한국의 독립을 위해 큰일을 하셨다는 것을 알게 되었고 할아버지를 존경하게 되었다. 아버지는 계학림인데, 현재 크질오르다에 살고 있다. 아버지는 러시아밀로 이름을 바꾸지 않았고 한국말 이름을 그대로 쓰고 있다. 아마도 할아버

지의 영향을 받은 것 같다.'

 한국에는 잘 알려지지 않은 계봉우 선생. 그는 국어학자이자 역사학자로 1880년 함경도 영흥에서 태어났다. 그는 구국 계몽운동을 시작으로 북간도와 연해주, 블라디보스토크와 하바롭스크, 상해를 넘나들며 독립운동과 역사 및 국어 연구에 힘썼다. 그는 항일운동을 했다는 죄목으로 1916년 일본 경찰에 체포돼 3년의 옥고를 치렀다. 북간도로 망명하여 이동휘 선생과 손잡고 독립운동에 헌신하였으며, 3·1 운동 이후 대한민국임시정부 수립과 함께 북간도 대표로서 상해에서 임시정부 일을 도왔다. 당시 월간지 《대진》, 《구국일보》, 《권업신문》에 조선의 독립을 위한 글들을 많이 남겼는데, 《권업신문》에 '만고 의사 안중근 전'을 연재하여 독립 의식을 고취하기도 했다. 선생은 《이두집해》, 《북방민족어》, 《조선 문법》, 《조선 역사》 등 다수의 책을 남겼다. 그 가운데 《조선 역사》는 당시 민족학교 교과서로 사용되기도 했는데, 한국 사학 연구에 중요한 자료로 남아있다.

 1937년 스탈린의 강제 이주 정책에 의해 중앙아시아 카자흐스탄으로 온 후에도 꾸준히 한글 교육과 한국사 연구에 매진했다. 1959년 크질오르다에서 80세의 일기로 생을 마칠 때까지 국어, 한국 문학, 역사 등에 대한 연구에 힘을 쏟았다. 《조선 문법》, 《조선말의 되어진 법》 등 30여 편의 저서를 남겼다. 1995년 한국 정부는 그의 공훈을 기려 건국훈장 독립장을 추서했다.

크질오르다에는 항일 무장투쟁의 영웅 홍범도 장군과 계봉우 선생의 묘와 집터가 있다. 또 1990년대 카자흐스탄 정부가 이들을 추모하며 지정한 홍범도 거리도 있다. 홍범도 장군은 레닌으로부터 이름이 새겨진 권총과 돈을 받고 볼셰비키(소련 공산당)에 입당했다는 이유로 대한민국의 항일투쟁사에서 제대로 된 평가를 받지 못했고, 계봉우 선생 역시 공산주의를 받아들이고 한인사회당 활동을 했다는 이유로 독립지사로서의 상응한 대우를 받지 못했다. 북한에서는 김일성과 비교될 수 있다는 이유로, 중국이나 소련에서는 그가 공산 정부 수립을 위해서가 아니라 민족 독립을 위해 항일운동을 했다며 외면당했다. 중앙아시아와 러시아에는 일제 강점기 시절 조국의 독립을 위해 투쟁한 위인들이 많은데 이들은 남한에서도 북한에서도 중국이나 러시아에서도 외면당하는 이방인으로 살다가 세상을 떠났다. 남북통일이 이루어져야 이분들이 제대로 된 평가를 받게 될 것이란 생각이 든다. 한민족의 슬픈 현실이다.

게 니콜라이 회장이 순국선열의 날 기념식에서 한 말이 내 가슴에 여운으로 남아 있다.

"카자흐와 중앙아시아, 러시아에 4천 명이 넘는 독립유공자 자손들이 있습니다. 우리는 구소련에서 살았지만, 우리 조상의 역사와 언어를 지기고자 노력한 애국선열들을 기억해야 하며, 이전 세대들은 다음 세대에게 우리 민족의 정체성을 알려야 할 책임이 있습니다."

간도 15만 원 사건의 주역
최봉설과 손녀 최 마야

알마티 한국교육원은 한국어를 배우겠다고 찾아오는 현지 사람들로 항상 붐빈다. 한 학기 수강 희망자가 1,000명을 넘고 있다. 청년 대학생들이 대부분이지만 조상의 나라 한국을 알기 위해서 한글을 배우겠다고 찾아오는 고려인 노인들이 있다. 이들 중에 최 마야와 남편 리 알렉산드르 부부가 있다. 60대 초반인 내외는 일주일에 두 번 출석하는 한국어 수업에 빠짐없이 참여하고 있다. 평생 러시아어로 굳어진 혀가 한국말 발음을 제대로 못 해 애를 먹고 있지만 배우고자 하는 열의만큼은 젊은 학생 못지않다.

최 마야 부부가 한국어를 열심히 배우는 데는 뚜렷한 목적이 있다. 할아버지 최봉설이 일제 강점기 때 한국 독립을 위해 무장투쟁을 한 애국지사이기 때문이다. 할아버지의 투쟁 내용을 제대로 알리면 한글과 한국 역사를 배워야 한다는 생각을 가지고 고려인 노인대학과 한글반에 등록했다.

최 마야 할아버지 최봉설은 1897년 길림성 연길시 와룡촌에서 가난한 농민의 아들로 태어났다. 많은 독립운동가를 배출한 창동학교에 다녔고, 1916년에 명동촌의 애국지사 김하규의 딸인 김신희와 결혼했다.

1919년 3·1운동의 열기는 국내를 넘어 해외까지 번졌다. 최봉설은 대한국민회의 외곽단체인 간도 청년회에 가입함으로써 독립운동에 본격적으로 투신했다. 이후 '철혈광복단'에 가입하여 무장투쟁을 전개한다. 철혈광복단은 단원 수가 2만여 명에 달했을 정도로 상당한 규모였다. 이들의 무장투쟁을 위해서는 무기가 필요했고, 무기 구매를 위해서 막대한 자금이 필요했다.

최봉설은 무장투쟁에 필요한 무기를 사들일 자금을 마련하기 위해 단원 중 임국정·윤준희·한상호·김준·박웅세 등과 함께 일제의 조선은행 회령지점에서 같은 은행 용정출장소에 보내는 자금을 탈취하기로 결의한다. 거사에 앞서 조선은행 회령지점 사원인 전홍섭을 포섭하여 현금 수송 일자와 노선을 파악했다. 그리고 1920년 1월 4일 윤준희, 김준, 박웅세가 같은 조가 되고, 최봉설은 한상호, 임국정과 한 조가 되어 용정에서 10여 리 떨어진 동량 마을 입구에 매복했다. 마침, 수송 대열을 마주한 윤준희 조는 권총 10여 발을 발사하여 일본 순사를 사살하고 현금 15만 원을 탈취했다. 이것이 이른바 '간도·용정 조선은행 15만 원 사건'이다. 그러나 민족 반역자 엄인섭이 일본군에 밀고함으로써 거사는 실패로 돌아갔다. 윤준희, 임국정, 한상호 등은 1월 31일에 일본 헌병대에 체포되어 서울로 압송돼 다음 해 1921년 8월에 사형을 판결받고 서대문형무소에서 순국하였다.

최봉설 손녀 최마야

　이들 중 유일하게 붙잡히지 않은 최봉설은 크게 다쳤지만, 탈출에 성공했다. 이후 최계립이라는 이름으로 러시아 블라디보스토크 신한촌에 안착해 독립전쟁 계획 수립에 착수하여, 1922년 2월에 시작된 볼로차예프 전투에서 큰 공을 세우기도 했다. 그는 1923년 2월 흑룡강성 목단강시에서 적기단을 조직하고 단장을 맡았다. 1925년에 적기단이 해체되자 러시아로 돌아가 연해주 수이푼 지역에 있는 그라데고보에서 콜호스 회장으로 일하던 중 1937년 스탈린의 한인 강제이주정책으로 중앙아시아 우즈베크공화국의 호레즘으로 이주당했다. 그 후 그는 카자흐스탄 크질오르다 콜호스 부회장 등으로 활동하다가 쉼켄트에서 1973년 1월 별세했다.

간도 15만 원 탈취 사건이 있고 나서 봉오동전투와 청산리대첩이 일어났다. 15만 원 탈취 거사가 성공하여 무기 구매가 성사되었더라면 한민족 항일 무장투쟁의 판도가 바뀌었을 것이다. 당시 소총 한 자루가 30원이었던 점을 생각하면 15만 원은 5천 명을 무장시킬 수 있는, 현재 가치로 150억 원에 달하는 거금이다. 참으로 애석한 일이다.

2015년 5월 알마티고려인 노인대학생 모국방문단에 최 마야 부부가 참여하였다. 5월 9일 인천공항 도착 후 11일 동안 한국의 여러 도시와 농촌, 역사 유적지, 박물관, 산업시설, 독립기념관 등 두루두루 둘러보며 할아버지의 조국 대한민국의 발전된 모습에 벅찬 감동을 했다.

한국을 떠나는 마지막 날 아침 공항으로 출발하는 전세 버스를 타려고 하는 순간이었다. 최 마야는 호텔 앞 소나무 밑에서 흙 한 줌을 긁어모아 비닐봉지에 담아서 오는 것이었다. 카자흐스탄에 가져가 할아버지 무덤에 뿌려드릴 거란다. 그의 할아버지 최봉설은 카자흐스탄 남부 도시 쉼켄트의 공동묘지에 부인과 함께 누워있다. 조국의 독립을 위해 항일투쟁에 앞장섰던 애국지사가 독립된 한국 땅이 아닌 낯선 이국땅에서 반세기 동안 눈비를 맞으며 누워있다. 늦었지만 이제라도 손녀가 뿌려주는 조국의 흙 한 줌이, 할아버지, 할머니의 마음에 조그마한 위로라도 되었으면 좋겠다.

알마티에 메아리친 대한독립 만세

　2015년 3월 1일 알마티 한국교육원 대강당에서 3·1절 96주년 행사가 열렸다. 오늘 기념식에는 어린 학생으로부터 고령의 노인에 이르기까지 400여 명이 참석하여 성황을 이루었다. 참석한 사람들을 살펴보니 남자 어른들은 거의 다 신사복 정장 차림이고 여성분들은 양장한 분도 있고 한복을 입은 분도 있다. 어린 손주를 데리고 나온 고려인 어르신들도 눈에 띈다. 한인과 고려인 외에 카자흐인, 러시아인도 보인다. 단상 오른쪽에는 태극기와 카자흐스탄 국기가 나란히 게양되어 있다.

　오후 4시 정각, 제1부 기념식이 시작되었다. 검정 치마에 흰색 저고리를 입은 여성과 검은 양복 정장을 한 청년이 등단하여 각기 한국말과 러시아어로 사회를 본다. 먼저 국민의례의 순서다. 단상 우편에 게양된 국기를 향해 경례하고, 애국가 제창, 순국선열과 호국영령에 대해 묵념하고, 내빈 축사가 이어졌다.

　계 니콜라이 독립유공자후손회 회장은 개회사를 통하여 '일제에 의해 강제로 빼앗긴 조국을 되찾기 위해 무장투쟁과 함께 역사와 언어, 문화

를 지키고 보급하는 일에 목숨을 바쳤던 선조들의 정신을 우리의 후대에 물려주어야 한다.'라면서 '지금이 바로 실천할 때'라고 말했다.

한인회 회장은 '한국이 아닌 먼 이국땅 카자흐스탄에서 삼일절 행사를 고려인과 함께 거행하게 되어 감개무량하다'라며 '역사를 잊은 민족에게 미래는 없다'라는 신채호 선생의 말을 인용하며, 후손들에게 조국의 역사를 잘 전해주어야 함을 강조했다.

알마티 고려문화중앙회 신 브로니슬라브 회장은 '3·1정신을 계승한 분들이 바로 고려인 동포들'이라고 강조하며 '모국과 고려인 동포사회가 더욱 활발히 교류해야 한다.'라고 말했다.

손치근 총영사는 대독한 한국 대통령의 삼일절 기념사에서 '조국광복을 위해 목숨을 바친 순국선열들의 고귀한 헌신은 오늘 대한민국이 세계 속에 우뚝 선 나라로 발전하는 데 원동력이 되었다'라고 하였다.

내빈 축사가 끝나고, 이어서 삼일절 주제 그리기 대회에서 입선한 초등학생들의 작품에 대해 시상했다. 1주일 전 그리기 주제(삼일절, 통일, 독도 중 택일)를 주고 도화지에 그림을 그려서 제출하여, 예심을 거친 작품을 대강당 복도에 게시하여 놓았다. 삼일절 행사에 참석하는 사람들이 준비된 색종이 라벨을 마음에 드는 그림에 붙이도록 하여 라벨이 가장 많이 붙은 순서로 등위를 매겨 시상했다.

그리고 훈장 전달식과 공로상 수여가 있었다. 연해주 지방을 중심으로 활발히 독립운동을 전개하다 투옥되어 사망한 고 채 성룡 선생의 공훈을 기려 대한민국 정부가 건국훈장 애족장으로 추서한 것에 대한 증서와 훈장을 손녀 김 에다에게 총영사가 전달하였다. 이어 최 아리따 바실에브나 여사에게 독립운동에 관한 연구와 역사 발굴에 이바지한 공로를 인정하여 공로상을 수여했다.

3·1정신을 계승하여 재외동포 차세대의 본보기가 되는 사람에게 주는 3·1정신 계승 상도 총영사가 수여하였다. 제1회 3·1정신 계승 상은 타라즈 둘라트국립대학교 2학년 김율랴 양이 차지했다. 김 양은 자신의 글 '조국에 대한 내 생각'에서 '조국의 독립을 위해 곳곳에서 의병이 궐기하고, 온 민족이 자유에 대한 갈망을 가지고 길거리로 뛰쳐나와 독

립 만세를 외쳤던 그 당시 조선은 하나였다.'라며 '갈라진 남과 북이 하나로 합쳐 한 민족 한 국가로 하나의 꿈을 이루는 날이 속히 오기를 희망한다.'라고 했다. 이어서 동포합창단이 '삼일절 노래'를 불렀다.

다음으로 '독립선언문 낭독'의 차례, 여성 한복을 정갈하게 차려입은 토요한글학교 교장과 고려인 노인대학(사랑방 한글학교) 교장인 내가 단상에 올라 마이크 앞에 섰다. 기미년 3월 1일 파고다 공원에서 선조들이 낭독했던 당시를 머릿속에 그리며 설레는 마음을 진정했다. 현대어로 번역된 독립선언문을 한 단락씩 끊어서 또박또박 교대로 낭독했다.

이제 기념식 마지막 순서인 '만세삼창'이다. 내가 다시 단상 중앙에 섰다. 배에 힘을 주고 큰 소리로 선창(先唱)했다.

"대한독립 만세! 만세! 만세!"

96년 전 한반도에 울려 퍼졌던 대한독립 만세 소리가 중앙아시아 한복판 카자흐스탄에서 태극기를 손에 든 400여 명 참석자의 함성으로 메아리쳤다.

제1부 기념식을 마치고 제2부 기념 공연이 이어졌다. 한인합창단이 '선구자'와 '황성옛터'를 불러 참석한 고려인 동포들의 심금을 울렸다. 고려인 남녀 어른들로 구성된 '고향합창단'은 '두만강'을 불렀고, 고려인

'비둘기무용단'과 '남성무용단'은 학춤과 부채춤을 선보여 관객들의 큰 박수를 받았다. 한민족의 아픔의 역사인 일제 강점기 다큐 필름과 독도 동영상을 시청하는 시간도 가졌다.

  1, 2부 순서를 대강당에서 마치고 바깥 홀에 나온 참석자들은 독립유공자후손회에서 설치한 독립운동가 초상화와 항일투쟁 역사를 기술한 병풍을 둘러보고서, 복도에 차려놓은 다과와 김밥, 음료수를 들며 대화하는 시간을 가졌다.

  나는 알마티에 거주한 10여 년 동안 해마다 삼일절 행사에 참여했다. 그때마다 한국인은 별로 없고 고려인들만의 행사가 되어 마음이 허전했었는데, 오늘 한인과 고려인이 함께 준비한 행사에 참여하게 되어 벅찬 감격과 기쁨을 맛보았다. 고려인과 한인이 한 조상의 피를 물려받은 같은 재외교포로서 함께 손잡고 나가야 하리라 생각하니 흐뭇한 마음이다.

순국선열의 날

카자흐스탄에서는 11월 17일이 되면 순국선열의 날 기념식이 알마티 한국교육원에서 열린다. 오후 3시 대학에서 수업을 마치고 한국어과 학생들과 함께 행사장인 알마티 한국교육원으로 갔다. 450여 석의 극장식 대강당은 거의 자리가 다 찼다. 뒤쪽 줄에 빈 좌석이 몇 개 남아있어 학생들과 함께 앉았다. 전면을 바라보니 강단 우편에는 태극기와 카자흐스탄 국기가 사이좋게 게양되어 있다. 강단 위쪽에는 "제69회 순국선열의 날"이라고 쓴 현수막이 걸려있다.

오후 4시 정각, Ⅰ부 기념식이 시작되었다. 국기에 경례, 애국가 제창, 순국선열과 호국영령에 대한 묵념, 카자흐스탄 독립유공자후손회 회장의 기념사에 이어 한국대사관 알마티 총영사와 한국교육원장의 축사가 있었고, 비디오 상영-상해 임시정부 초대 국무총리를 지낸 이동휘 선생의 유해 국립현충원 안장식 동영상-등으로 진행되었다.

Ⅱ부는 특별 공연으로 한국무용, 한국 가곡 독창, 고려인 합창단의 한국노래 합창, 한국 시 낭송 등의 공연이 30분간 진행되었는데 마지막 순서는 아리랑을 모두가 합창함으로 한 시간 동안의 기념식과 공연을

마쳤다.

Ⅲ부는 다과회인데 대강당 복도에 길게 늘어놓은 임시 식탁에 김밥, 빵, 과자, 떡, 음료수 등을 차려놓고 기념식에 참석한 손님들이 음식을 들며 대화하는 시간을 가졌다.

순국선열의 날은 일본의 조선 침략과 식민지 지배에 맞서 국권 회복을 위해 항거하고 헌신한 독립운동 유공자들 가운데 목숨을 잃은 순국선열(殉國先烈)들의 숭고한 독립 정신과 희생정신을 후세에 길이 전하고, 이들의 얼과 위훈을 기리기 위해 제정한 법정기념일이다. 순국선열의 날은 1939년 11월 21일 대한민국임시정부 임시의정원에서 을사늑약이 체결된 날(1905. 11. 17)을 전후해 수많은 애국지사가 일제에 항거하다 순국하였기 때문에 망국 일인 11월 17일을『순국선열 공동기념일』로 정하여 순국선열을 추모해 왔다. 광복 이후에는 광복회와 민간단체가 주관이 되어 추모행사를 거행해 오다 1997년 5월 9일 정부 기념일로 제정, 공포하고 그 해부터 국가보훈처 주관의 정부 기념행사로 거행하고 있다.

카자흐스탄에서는 순국선열의 날 행사를 한국 보훈처의 예산 지원과 주카자흐스탄 한국대사관 후원으로 카자흐스탄 독립유공자후손회가 주관하고 있다. '카자흐스탄 독립유공자후손회'는 러시아와 카자흐스탄에 흩어져 사는 독립유공자 후손들이 단체결성의 필요성을 제기한 1995년, 모스크바에서 공식 창립되었다. 이후 1998년, 카자흐스탄 독립유공자후손회가 러시아에서 분리, 독립단체가 되었다. 이때 음악가 정추 선생, 카자흐국립대 철학 교수 박일, 카자흐스탄의 유명한 판사였던 최재형의 딸 엘리자베타, 황운정 선생의 아들 황마이 공훈체육인, 이동휘의 손녀딸 류드밀라 등 독립유공자 후손들이 참여하였다. 정추 선생이 초대 회장을 맡았고 2001년부터는 계봉우의 손자인 게니꼴라이 씨가 회장을 맡아 이끌어 오고 있다. 카자흐스탄에는 독립운동 유공자 후손들이 500여 명 살고 있다.

순국선열의 날, 한국에서는 매년 국가보훈처의 주관 아래 기념식을 거행하지만, 일반 국민은 별 관심을 두지 않고 평일과 다름없이 일상생활을 하며 지내는 게 보통이다. 그런데 카자흐스탄에서는 해마다 이날을 광복절에 못지않은 기념일로 쇠고 있다. 이날이 되면 카자흐스탄에 거주하는 독립유공자 후손들은 물론 고려인 유지들과 관심 있는 고려인들이 한자리에 모여 엄숙한 기념식을 거행한다. 기념식에 이어 공연하고 나서 다과를 나누며 친교 하는 중요한 날이다. 나는 2004년부터 거의 빠지지 않고 참석했는데 애국가를 제창할 때는 목이 메고 눈시울이 뜨거워져서 참느라 애를 먹곤 한다. 외국에 나오면 다 애국자가 된다는 말을 실감하는 날이다.

처음 참석했을 때 느낀 감회가 컸다. 한국도 아닌 먼 나라 외국 땅에서 한국의 기념일을 이렇게 성대하고도 의미 있게 행사를 치른다는 데 대해 의아한 생각을 했다. 만일 서울 한복판에서 한국에 들어와 사는 타민족이 자기네 민족기념일을 공공연하고 거창하게 거행한다면 과연 우리 정부나 국민의 마음이 어떨까를 생각해 보았다. 심기가 불편하지 않을까? 생각이 여기에 미치자 이런 행사를 하도록 허용한 카자흐스탄 정부 당국의 넓은 도량(度量)과 배려에 감사하다는 마음을 가졌다. 다른 한편으로는 이 땅에서 고려인들의 위치와 존재감이 크다는 생각도 했다. '고려인들이 이만큼 이 나라의 신뢰와 존중을 받고 있구나' 하는 생각이다.

그런데 무척 아쉬운 것은 이 큰 한민족의 행사에 정작 참석해야 할 한국인이 보이지 않는 것이었다. 카자흐스탄 한인회가 조직되어 활동하고 있고 한인들이 이 나라에 4천여 명 들어와 사업도 하고 선교도 하고 또 유학하고 있는 대학생들도 꽤 있는데 도통 행사장에서 볼 수가 없어 퍽 의아했다. 나중에 한인회장에게 들은 이야기인데 이들과 함께하고 싶어도 언어가 통하지 않아 함께 하기가 어렵다는 것이었다. 고려인들은 러시아어를 쓰고 있어 한국말이 통하지 않는다는 것이다. '아하, 그렇구나. 사람 사이의 매개체인 언어의 불통이 둘의 사이를 갈라놓았구나! 이 문제를 해결하려면 고려인이 한국어를 잘 배우든가 아니면 한국인이 러시아어를 열심히 배우든가 해서 의사소통이 자유롭게 되어야 하겠구나.' 하는 생각을 했다. 이 땅에 와서 한국어를 가르치며 봉사하는 나의 책무가 크고 절실하다고 생각하게 되었다.

그 후 민주평통 카자흐스탄지부가 결성되고부터는 한국인과 고려인이 함께 참여하는 한민족의 큰 행사로 발전했다. 해마다 가을에는 한인 체육대회가 열리는데, 고려인들이 많이 참여하여 고려인과 한국인이 하나 되는 아름다운 모습을 보여주고 있다. 더욱이 고려인 노인대학을 개설하고부터 고려인 어르신들이 한글과 한국 역사를 배우고 모국 방문을 하면서 한국인과 고려인 사이에 막힌 담이 헐리고, 하나의 민족으로 통합되는 모습을 보게 되었다. 여간 다행스럽고 기쁜 일이 아닐 수 없다. 앞으로 고려인과 한국인이 하나가 되는 재외동포 행사가 더 많이 나타나기를 기대해 본다.

고려인 광복절

　광복절 경축 행사가 고려극장에서 열린다는 말을 듣고 참석하기로 했다. 마침, 방학을 맞아 알마티에 들어와 있는 림 교수에게 전화하여 동행하기로 했다. 파란 하늘에 뭉게구름이 몇 점 떠 있는 아주 쾌청한 날씨다. 우거진 가로수 숲이 녹색의 향기를 뿜어내는 알마티 거리를 기분 좋게 달린다. 멀리 남쪽 텐산산맥 3천 미터가 넘는 봉우리들에는 흰 눈이 덮여 있어 환상적인 풍취를 자아낸다.

　고려극장은 한 번 가본 일이 있어 쉽게 찾을 수 있을 거로 생각하고 젤뇨니 바자르(녹색시장) 동쪽 도스　길로 한참 내려갔는데 극장이 안 보인다. 차를 멈추고 가게에 들어가 물으니 지나쳐 왔다며 뒤로 돌아가라고 한다. 유턴하여 오던 길로 천천히 가면서 살펴봐도 고려극장이 눈에 띄지 않는다. 고려인들도 볼 수가 없다. 시내버스 정류장에 서 있는 한 청년에게 다가가 "Где находится театр Корё?(고려극장이 어디 있어요?) 서툰 러시아말로 물었다. 거리 이름을 알려주는데 잘 모르겠다고 했더니 자기가 안내해 주겠다며 우리 차에 타도 되냐고 하여 그러라고 했다. 청년이 가리키는 대로 공항 가는 큰길로 나와서 한참을 가다가 우편으로 난 골목길로 접어들어 조금 가다가 다시 우회전하여 고려극장 앞에 도착했다. 사람들이 많아 붐빌 줄 알았는데 왠지 조용하다. 극장 안으로 들어서니 텅 비어 있다. 고려인 노인 한 분이 있기에 오늘 행사가 있다고 해서 왔는데 어찌 된 일이냐고 물으니, 고리끼 공원으로 가라고 한다. 몇 번 가보았던 곳이라 곧장 찾아갔다.

고리끼 공원은 알마티 시내에 있는 가장 규모가 큰 국립공원인데 소형 보트를 탈 수 있는 그림 같은 인공호수가 있고, 각종 놀이기구가 풍성한 놀이터와 동물원 등이 있어 주말이면 시민들이 가족 단위로 즐겨 찾는 공원이다. 입장권을 사서 정문을 들어서자 아름다운 꽃으로 장식된 정원이 눈 앞에 펼쳐진다. 벤치에는 사람들이 앉아 휴식을 취하고 있다. 꽃밭 정원 왼쪽으로 난 길을 따라 한참 들어가니 행사장의 무대가 보인다. 이미 사람들이 많이 와 있다. 무대 앞 빈 좌석에 가서 앉았다.

11시가 되자 기념식이 시작되었다. 개식사에 이어 국민의례가 있고 난 뒤 오늘의 행사를 주관한 알마티 고려문화중앙 신 블로니슬라브 회장이 등단하였다. 그는 '해외 동포사회 중에서 이렇게 다채로운 광복절 축하 행사를 하는 곳은 카자흐스탄이 유일한 것으로 안다.'라며 '67년 전 우리 선조들이 느꼈을 광복의 기쁨을 이제는 고려인 동포들만 아니라 고리끼 공원을 찾은 카자흐스탄 시민들과 함께 나누고 싶다.'라고 말했다.

다음으로 등단한 김로만(카자흐스탄 국회의원) 고려인협회 회장은 '올해는 광복 67주년과 한·카 수교 20주년, 고려인 카자흐스탄 이주 75주년을 맞는 뜻깊은 해'라며 '한국과 카자흐스탄은 전략적 동반자로 양국 관계를 격상시켰는데, 이러한 흐름이 잘 이어져서 양국의 발전에 우리 고려인이 교량 역할을 하게 될 것이라.'라는 요지의 인사말을 했다.

세 번째로 등단한 알마티시 부시장 세릭 세이두마노프는 "안녕하세요? 명절을 축하합니다." 한국말로 첫인사를 하고서는 러시아어로 축하의 말을 하였다.

마지막으로 대한민국대사관 알마티 분관 신 총영사는 '나라를 되찾고자 고귀한 목숨을 바친 순국선열 앞에 경건히 고개 숙인다.'라며 '매년 개최되는 광복절 행사는 역사적으로 조국광복의 의미를 되새기고, 동포들 간의 유대를 강화하며 나아가 카자흐스탄 고려인 동포들이 정체성을 되새기는 데 큰 의미가 있다.'라고 말하고, '고려인들은 카자흐스탄 발전에 이바지함은 물론 한-카 양국 관계 발전을 위해 가교역할을 해주시길 바란다.'라는 당부의 말을 했다.

카자흐스탄에는 봉오동, 청산리 전투를 승리로 이끈 홍범도 장군을 비롯하여 상해임시정부의 국무총리를 지낸 독립운동가 이동휘 선생, 한글학자이자 독립운동가인 계봉우 선생, 간도 일대에서 '철혈광복단'이라는 무장 독립단체를 만들어 일본군과 싸운 최봉설(최계립), 임시정부 초대 재무 총장으로 시베리아 일대에서 일본군과의 시가전 중 붙

잡혀 순국한 최재형 선생 등 많은 독립운동가 후손이 알마티, 크즐오르다, 쉼켄트 등지에 살고 있다.

 네 분의 축사가 끝난 후 고려인 여성 중창단의 한국 민요와 흘러간 노래를 시작으로 청년들의 사물놀이, K-팝, 댄스, 어린이들의 율동 등 다양한 종류의 공연이 이어졌다. 고려인뿐만 아니라 카자흐 젊은이들이 여러 팀 출연하여 카자흐 전통춤과 노래, 그리고 돔부라 연주 등으로 광복절을 빛내주었다. 이 외에도 이 땅에 살고 있는 러시아 민족을 비롯하여 우크라이나, 독일, 체첸, 위구르, 우즈베키스탄, 아프가니스탄 민족 등이 화려한 전통의상을 입고 출연하여 각 민족 전통춤과 노래 공연을 펼쳐 오늘의 축하 잔치를 더욱 풍성하게 했다.

 오늘 기념식에는 고려인 회장을 비롯한 고려인 사회 지도급 인사들과 한국대사관 알마티분관 직원들과 현지 부시장을 비롯하여 고려인, 현지인 등 500여 명이 참석하여 성황을 이루었다. 넓은 공원에 흥겨운 우리 민요 가락과 농악 소리가 울려 퍼졌고, 카자흐인들의 노래와 춤이 어우러져 풍성한 잔치마당을 이루었다. 행사장 야외무대 주변에는 김밥과 파전, 순대, 잡채 등 먹거리 장터가 열려 고려인 동포와 현지인들이 한국 음식을 맛볼 수 있게 했다.

 한편 '독도는 우리 땅' 알리기 캠페인이 공원 입구에서 열려 광복절의 의미를 더했다. 교민 신문인 《카자흐 뉴스》가 벌인 이 행사에는 자원봉사 학생 등이 참여해 독도는 한국 땅임을 러시아어로 설명한 팸플릿을 공원을 찾은 시민들에게 나누어주었다. 카자흐 뉴스 대표 윤 사장은 '독도가 우리 땅이라는 역사적 사료를 근거로 고려인과 현지인들에게 독도가 분명한 대한민국 땅이라는 사실을 알리고자 캠페인을 기획했다.'라고 말했다.

  오늘 광복절 행사를 통하여 고려인에 대해 같은 동포로서의 친근감을 느꼈다. 그런데 고려인 노인 여성 중창단의 복장과 춤은 북한식이고, 젊은이들이 발표한 사물놀이, 힙합 춤, 노래 등은 한국식이어서 북한과 남한, 과거와 현재가 고려인 생활 속에 공존하고 있는 모습을 볼 수 있었다. 또한 한국의 광복절 행사에 현지 카자흐스탄 민족과 여러 민족이 참여하여 노래하고 춤추고 연주하면서 함께 즐기는 모습이 보기에 참 좋았다. 다민족 다문화 국가를 이룬 카자흐스탄 국민의 조화롭고 평화로운 삶이 큰 감동을 준다.

고려일보 창간 90주년

2013년 10월 12일 토요일 오후 알마티 한국교육원에서는 《고려일보》 창간 90주년을 기념하는 행사가 열렸다. 카자흐스탄 '민족 회의'의 후원으로 소수민족 언론 국제미디어 포럼, 단체공연, 갈라 콘서트 등 다채로운 프로그램이 진행되었다. 프로그램 중 고려극장 단원들이 일제의 탄압을 피해 옛 소련으로 떠났던 고려인들의 고달팠던 삶을 뮤지컬 형식으로 풀어내 참석한 고려인들의 기립박수를 받았다.

이번 행사에는 한국대사를 비롯하여 고려인협회 회장, 카자흐스탄 민족 회의 부의장(장관급), 문화공보부 관계자, CIS 지역 고려인협회 지도자, 언론인, 고려인, 한인 등 500여 명이 참석하여 고려일보 창간 90주년을 축하하고, 고려일보 임직원들의 노고를 격려하였다. 한국의 국회의장은 '한민족 정체성 및 우리말을 지키고자 노력한 고려일보에 감사한다.'라는 축전을 보내왔고, 누르술탄 나자르바예프 대통령은 카자흐스탄 민족 회의 부의장을 통해 '카자흐 발전에 이바지한 고려인 사회의 중심인 고려일보가 앞으로도 더 많은 성공 이뤄가기를 바란다.'라는 내용의 메시지를 보내왔다.

내가 《고려일보》와 처음 만난 것은 2000년 11월 카자흐스탄 쉼켄트에서였다. 그해 10월 6일 단신으로 김포공항을 출발하여 이튿날 새벽 쉼켄트에 들어왔는데, 언어도 통하지 않고 신문도, TV도 볼 수 없는 낯선 땅에서 고국 소식을 듣지 못해 답답한 마음을 달래며 근 한 달을 보냈다. 그때만 해도 국제전화도 걸기 어려웠고 인터넷도 연결이 안 되어 외부 소식을 접할 수가 없었다. 그러던 어느 날 남카자흐스탄 주 고려인협회에 볼일이 있어 협회 사무실에 들렀을 때 《고려일보》라고, 굵은 글씨의 제호가 쓰인 신문이 퍼뜩 눈에 띄었다. 2000년 10월 27일 자 고려일보였다. 그런데 제호는 한글로 돼 있는데 기사는 키릴문자(러시아어)로 씌어있다. 몇 장을 넘겨보니 7면부터 10면까지 4면이 순한글로 기록이 되어 있다. 너무나 반가웠다. 목마른 농부가 냉수 들이켜듯 단숨에 쭉 읽었다.

한글판 주요 기사 제목은 다음과 같다.

*카자흐스탄공화국 창건 10주년(10월 25일)을 맞아 나자르바예프 대통령의 기념 축사 *뚜르게스탄 도시창건 1,500주년 기념행사 *카자흐스탄 국민에게 보내는 나자르바예프 대통령의 메시지 *카자흐스탄「고려인 젊은이들의 원탁 모임」*장문석 대우 알렘 사장의 비즈니스 인터뷰 기사 '대우차를 한국에서 사는 것보다 여기서 사는 것이 낫다' *김대중 대통령의 노벨 평화상 수상에 관한 두 분 교수의 글(카자흐국립대 한국학과 권영훈 교수, 김 게르만 교수) *김정일 위원장-미국 국무장관 전격

회담 *소득세 포괄주의로 전환추진 *한국, 극적인 4강 드라마, 이란에 2-1승(아시안컵) *삼성전자, 3/4분기 순이익 1조 7천억 원 *노사정위 '주 40시간 노동' 합의(주 5일 근무제실시, 학교 수업도 주 5일제 실시-내년 하반기부터 가능) *북한-중국 군사협력 강화 합의 *EU, 내달 대북 외교관계 수립 조율 *해외 토픽, 남성 심벌로 11ton 트럭 30㎝ 끌어'

타블로이드판 흑백으로 인쇄된 고려일보는 총 16면 중 4면은 순한글로, 나머지 12면은 러시아어로 인쇄돼 있고, 한글 4면 중 한 면은 대한민국 기사로만 채워져 있다. 물론 흑백 사진도 들어있다. 매주 금요일에 발간되고 있는데, 구독료는 1년 2,000텡게(약 16,000원)였다.

1923년 3월 1일 고국의 소식을 전하고 동포들의 삶을 알리고자 소련 연해주에서《선봉》이라는 이름으로 첫걸음을 뗀 고려일보는 1937년 9월 12일 자 제1644호까지 발행된 후 강제 이주로 인해 잠시 중단되었다가 이듬해 5월 카자흐스탄 크질오르다에서 공산당 기관지인《레닌 기치》(러시아어: Ленин кич)라는 이름으로 속간되었다. 레닌 기치는 유일하게 전 소련에서 구독할 수 있는 한글 신문이었다. 당시에는 주 6회 발행하는 일간신문으로 한때 4만 부가 발행된 적도 있었다. 1978년 8월에 알마티로 이전하였고 한인 집단 거주지인 타슈켄트, 크즐오르다, 두샨베, 비슈케크 등지에 지사를 두기까지 했었다. 1982년부터 사진식자기(寫眞植字機)에 의한 방법으로 활자를 바꾸어 전 신문을 한글로만 제작하였다.

소비에트연방이 무너지고 카자흐스탄이 건국되면서 1991년 5월부터 제호가 현재의 명칭인《고려일보》로 개칭되어 지금까지 발간되고 있다. 고려일보는 재소 한인들의 생활을 진실하게 반영함으로써 많은 재소 한인의 공감을 얻었다. 문예 면에는 시·수필·단편소설·문예평론 등 다양한 문예 작품들이 발표되어 많은 시인, 소설가들이 배출되기도 했다. 소련에서 재소 동포들이 한글과 한국어를 90년 이상 존속시키는 데 고려일보의 공이 가장 컸음을 부인할 수 없다. 그러나 1990년대에 이르러 대한민국과의 교류가 허용되자 한국에서 많은 기업체와 종교단체들이 들어오기 시작하면서 한국어를 통·번역할 사람의 수요가 증대되었다. 이에 따라 월급을 많이 주는 한국인 회사로 이직하는 직원들이 늘어났고, 설상가상으로 재정난이 겹쳐《고려일보》는 주 6회 발행하던 것을 주 3회로 줄였고, 그마저도 1992년 후반부터는 한글판 1부, 러시아어판 1부를 합쳐 주 1회 발행으로 축소되었다.

내가 2004년 9월 고려일보사를 찾아갔을 때 당시 한글판 주필을 맡고 있던 양원식 선생은 고려일보 운영의 어려움을 토로한 바 있었다. 첫째는 신문 독자가 자꾸 줄어드는 것이 큰 문제라고 했다. 한글을 아는 고려인 1세대는 거의 세상을 떠났고, 그 이하 세대는 소연방의 상황에서 러시아어만 열심히 배워 잘할 줄 알지 한국말은 거의 잊었거나 모른다는 것이다. 둘째는 기사 내용을 쓸 때 현재 서울에서 사용하는 표준말로 작성하려고 해도 나이 든 고려인들이 오랫동안 공산주의 시대 속에서 북한과 교류를 해왔기 때문에 북한식 언어(옛 함경도 방언)를 쓰게 된다는 것이다. 셋째는 재정적 뒷받침이 빈약하다 보니 한글을 제대로 구사할 수 있는 사람이 보수가 형편없는 신문사보다 보수가 훨씬 좋은 한국인 기업체로 간다는 것이다. 그러면서 가끔 한국에서 어떤 후원금이 들어와도 고려일보사로 직접 전달이 안 되고 고려인협회로 들어가기 때문에 신문 발행에 별 도움이 안 된다는 말도 하였다.

양 선생의 이야기를 들으니, 고려일보의 미래가 걱정되었다. 당장 한글 기사 작성을 거의 도맡아 하고 있는 양 선생이나 한국어를 쓸 줄 아는 편집부 직원이 떠나면 과연 누가 와서 그 일을 감당하겠나 염려된다. 카자흐스탄 대학에서 한국어를 전공한 학생이 한국의 대학원에 유학하여 석사 학위를 받고 귀국한 유능한 젊은이들이 많은데, 이들 대부분이 한국인 기업체나 한국기관에 취업하려고 하지 신문사에 발을 들여놓으려 하지 않는다는 것이다. 한국어도 잘하고 사명감이 투철한 젊은이를 찾기가 어렵다는 것이다. 90년 전통의 고려일보가 중단 없이 발전해야 하는데 걱정이 크다. 대책이 시급하다.

민족문화 지킴이 고려극장

　극장에서 영화 구경은 많이 했지만, 배우들이 직접 몸으로 표현하는 연극을 본 기억은 별로 없다. 그런데 카자흐스탄에 들어와서 난생처음 극장에서 영화가 아닌 연극관람을 했다. 2004년 4월 15일 알마티 고려극장에서다. 극장 홀에 들어서자, 관람객들로 붐볐다. 어린아이의 손을 잡고 온 가족이 있는가 하면 원피스 차림의 젊은 여자들과 신사복 정장의 남자 어른들이 입장하기 위해 줄지어 서 있다. 홀 한편에는 붉은 테를 두른 정복 차림의 현지 젊은 경찰관 20여 명이 서성이고 있다. 경찰학교에서 단체로 연극관람을 왔다고 한다. 극장 홀 벽에는 고려극장의 역사를 10년 단위로 설명하는 글과 함께 역대 배우들의 사진이 전시되어 있다.

　1932년 9월 러시아 블라디보스토크에서 고려인 구락부 소인예술단들을 기초로 하여 창설된 고려극장은 1937년 스탈린의 고려인 강제 이주 정책으로 카자흐스탄 크질오르다로 옮겨왔다. 제2차 세계대전 중에는 국가로부터의 정상적인 지원이 어렵게 되자, 극장 운영과 배우들의 생계유지를 위해 동포들이 밀집 거주하며 벼를 재배하고 있었던 강제

이주 최초의 정착지였던 우슈토베로 1942년 1월 이전하였다. 1959년에는 다시 크질오르다로 이전되었다가 1968년 카자흐스탄공화국 수도인 알마티로 옮겨오면서 명칭이 '카자흐공화국 국립음악희곡 고려극장'이 되었는데, 이는 고려극장이 주립극장에서 국립극장으로 승격되었음을 의미한다. 같은 해에 극장 공연팀의 일원으로 아리랑 가무단이 창설되었다. 이후 사물놀이팀과 민족무용단을 탄생시켜 연극뿐만 아니라 여러 장르를 아우르는 종합예술 단체로 확대되었다. 구소련 시기의 고려극장은 소련 정부의 지원으로 운영되는 국가기관으로, 순수한 예술 활동보다는 공산주의 윤리와 프롤레타리아 국제주의 및 다민족 집단 간의 친선을 선전하는 기능과 역할을 담당해야 했다. 따라서 소련예술 창

작의 원칙이었던 사회주의적 리얼리즘을 다룬 작품들이 고려극장 상연 작품에서 중요한 부분을 차지하였다.

 1960년대 초반 동서 화해 분위기가 조성되면서 고려극장은 고려인의 생활이 반영된 연극을 본격적으로 무대에 올리기 시작했다. 1970년대에 들어와서는 북한 출신 한진, 명동욱 등이 고려극장 발전에 이바지하였다. 이들은 1950년대 초 소련으로 유학하였다가 유학 말기에 김일성 반대운동에 참여하여 북한 귀국을 거부한 정치 망명자들이었다. 소비에트 카자흐공화국 국립극장으로 격상된 이후 고려극장은 소련 전역 순회공연에 나섰고, 극장창설 50주년인 1982년에는 모스크바 순회공연을 했다.

 1990년대 초 소련이 해체되고 카자흐스탄이 독립되면서 경제 여건 변화로 국가의 지원이 끊겨 극장 운영에 위기를 맞았지만, 고려인협회, 고려인 기업가, 그리고 중앙아시아에 진출한 한국기업 및 한국 정부의 지원으로 위기를 극복하고, 카자흐스탄이 독립한 직후의 혼란기에도 그 명맥을 유지해 왔다. 그 후 카자흐스탄 정부의 지원을 받는 국립극장으로 확고한 자리매김을 하게 되었다. 이제는 다민족 사회로 변모한 카자흐스탄에서 한민족 고유문화 전통의 보존과 발전, 그리고 역사적 모국인 한국과의 교류를 통한 한민족 공동체로서의 문화 정체성을 유지하는 데 중요한 역할을 하고 있다.

 오늘의 연극 제목은 '배비장전'이었는데, 배우들의 얼굴 모습이나 옛

날 한복, 무대 장치, 소품 등이 낯익은 우리 것이어서 편안한 마음으로 연극을 관람할 수 있었다. 다만 한 가지 불편하게 느낀 것은 배우들의 우리말 대사가 함경도 방언의 북한말투여서 이해가 안 되는 부분이 있었다. 아마도 소련 시절 한국과의 교류가 차단되고 북한하고만 왕래함으로 인해서 대한민국의 표준어를 익히지 못한 탓이리라. 이들에게 오늘날 한국에서 사용하는 표준어를 제대로 가르쳐줘야 할 필요가 있겠다고 생각했다. 주위 관람객의 모습을 보니 우리와 똑같이 생긴 고려인들이 대부분이지만, 더러는 러시아인이 듬성듬성 앉아 있고 카자흐인을 비롯하여 우리와 체격이 다른 민족도 눈에 띈다. 200명 정도의 좌석이 꽉 찼다. 좌석마다 동시통역용 이어폰이 설치되어 있어, 한국말을 알아듣지 못하는 고려인이나 현지인들이 한국말 대사를 이 나라 공용어인 러시아어로 들을 수 있도록 했다.

카자흐스탄의 고려극장은 소련의 강압 정치하에서도 디아스포라의 고난을 겪고 있는 고려인들의 삶을 예술로 승화시켜 온 특별한 공간이다. 1937년 스탈린에 의해 강제로 이주하여 이곳에 정착한 고려인들은 우리 민족의 문화적 전통과 언어를 보존하기 위해 노력해 왔는데, 고려극장은 고려일보와 함께 그 중심적 역할을 감당해 왔다. 고려극장은 카자흐스탄에서도 가장 오랜 문화 기관 중 하나이며, 세계에서 유일한 민족극장으로 알려져 있다. 해외 한민족 공동체의 공연단체라는 측면에서 중요한 의미를 지니는 고려극장은, 소련 시절에는 고려인 사회에 문화 중심 역할을 해왔고, 소련 해체 이후 독립국가연합 체제하에서도 민족문화를 계승 및 발전시키는 중추 기관의 역할을 이어가고 있다.

카자흐스탄 독립 이후 고려극장에서 상연되는 연극은 주로 한국의 고전 작품들이 많았지만, 종종 고려인들의 현실적 삶과 문화, 때로는 독립운동에 헌신한 애국지사들의 역사적 기록물들을 각색하여 연극으로 보여주기도 했다. 고려극장에서 우리 민족의 고전 작품들을 연극의 소재로 많이 다룬 이유는 구소련의 살벌했던 동화정책으로 인해 잊혀가는 우리의 언어와 문화를 지키고자 하는 고려인들의 민족정신이 작용했기 때문이었을 것이다. 다른 한편으로는 낯선 땅에서 고통받는 동포들을 위로하고 지친 삶을 달래주려는 의도도 있지 않았겠나 생각된다.

고려극장은 다수의 표창과 상을 받았는데, 1982년에는 소비에트 극장 예술 발전에서 세운 공로를 인정받아 극장 창립 50주년을 계기로 하여 '영에 표지' 훈장을 받았다. 한국과 러시아와의 수교 이후인 1992년에는 서울에서 열린 세계 민족극장 연극 축제에 참여해서 극작가 한진의 작품인 '나무야 흔들지 마라'로 일등상을 타기도 했다. 2005년에는 대한민국 대통령의 영에 표창장을 받았다.

고려극장이 유시되고 우리 말 연극이 공연되고 있는 한 고려인들의 한민족 의식은 유지될 것이다. 반면 고려극장이 문을 닫거나 고려극장에서 우리 말 연극이 사라진다면 구소련 지역의 고려인들은 한민족으로서의 민족적 표지(標識)를 잃어버리게 될 것이다. 그런 의미에서 고려극장은 고려인들에게 우리 민족문화를 유지하고 수호하는 데 가장 큰 힘이 되고 있다고 할 것이다. 한국과의 유대감을 갖고 더 차원 높은 연극을 보여줄 수 있기를 기대해 본다. (참조「한국민족문화대백과」)

황무지에 꽃을 피운 고려인 이야기

김 스베틀라나

나는 제2차 세계대전이 일어나기 직전인 1940년 6월 1일에 태어났다. 70년이 지난 지금, 어린 시절의 많은 것들을 다 기억하지 못하지만 중요하다고 생각되는 것들은 기억에 남아 있다. 나는 어린 시절을 우즈베키스탄 타슈켄트 주의 '중앙 치르치크스키'지방의 집단농장인 '볼셰비키'에서 보냈다. 이곳은 전쟁에서 멀리 떨어진 후방에 위치하여 다행히 끔찍한 전쟁은 경험하지 않았다.

나의 아버지 김광택은 집단농장의 관리자로 일하셨는데, 가정보다는 조직의 일을 먼저 생각하는 분이셨다. 한번은 "사무실에 손님이 앉을 곳이 없다. 너희들은 소파 없이 살 수 있다."라고 하시며 집에 있던 소파를 사무실로 가져가셨다. 아버지는 집안에서는 엄하신 분이셨지만 다른 사람들에게는 매우 너그럽고 어려운 사람을 보면 그냥 지나치지 않고 도움을 주는 분이셨다.

제2차 세계대전이 일어났을 때 전쟁에 나가지 않은 사람들, 특히 고려인들은 투르크메니스탄의 운하 공사 현장으로 보내졌다. 그곳에서 아버지는 우연히 젊은 유대인 일리야를 알게 되었다. 그 젊은 남자는 발을 힘들게 끌고 다녔고, 그가 삶의 끝에 다다랐다고 보았다. 아버지는 그를 집으로 데리고 왔고, 어머니는 그의 옷을 빨아주었다. 그는 자기 자신을 돌보지 못할 만큼 무기력했다. 그는 전혀 알지 못하는 새로운 환경인 고려인 집단농장에 들어와 적응하느라 매우 힘들어했다. 하지만 차차 그는 밥을 먹기 시작했고 스스로 밥 위에 나물을 올려서 먹는 고려인 식사법도 배웠다. 어머니는 정성으로 그를 보살펴주었다.

건강을 회복한 일리야는 어린 나에게 문자를 읽는 법을 알려주었고, 여름에는 나를 어깨에 앉혀 길가의 꽃향기를 함께 맡았고, 겨울에는 썰매를 태워주었다. 어린 시절 그와 함께했던 시간이 매우 흥미 있고 즐거운 추억으로 회상되고 있다. 일리야는 음악에 소질이 있는 분이었다. 그는 아버지에게 "아이들에게는 비상한 음감이 있습니다."라고 진지하게 말하며 피아노를 사주어야 한다고 말했다. 그러나 아버지는 피아노를 사주지 않았다. 그래서 나는 음악을 제대로 공부하지 못했다. 그 후 일리야는 타슈켄트 근방에서 유명했던 관악 오케스트라를 새롭게 조직하였다. 고려극장에서 우리 집단농장으로 공연 왔을 때 나는 그의 오케스트라를 만나게 되었다. 너무나 반가웠다. 음악교육을 받은 나의 두 오빠인 보리스와 볼라는 이 오케스트라의 학생 단원이었다.

전쟁이 끝나고 1946년에 그는 자신의 고향인 벨라루스로 돌아갔는데, 초콜릿 과자와 볶은 호두를 여러 번 우편으로 보내 주었다. 아직도 그가 보내 준 초콜릿과 호두의 맛을 잊지 못한다. 그 후 일리야가 유명한 작곡가 겸 지휘자가 되었다는 소식을 친구한테서 들었다. 하지만 일리야가 고향으로 돌아가고 몇 년이 지나자, 연락이 끊어졌다. 그 당시에 많은 민족이 자기네 고국으로 돌아갔는데, 일리야는 우리 가족도 한국으로 돌아간 줄로 생각한 것 같다.

타슈켄트 지역의 벡테미르시에 있을 때, 아버지는 고려인 극장의 첫 번째 지도자 중 하나였다. 볼셰비키 집단농장의 관리자였던 아버지가 어떻게 예술가들과 만났는지는 사람들에게서 많이 들었다. 예술가들은 각 가정에 할당되어 숙식을 해결하게 되어 있었다. 우리 집에는 고려인 김진과 리범도 악사들이 항상 머물렀다. 나는 김진 아저씨가 입었던 잠옷에 우리 3명이 같이 들어가서 장난쳤던 것을 기억한다. 그는 뚱뚱했다. 몇 년 전 리함댁과 추체르 악단원들이 나에게 아버지에 대한 많은 이야기를 해주었다. 나는 그들에게 아버지에 대한 기억을 기록해달라고 부탁했지만, 그 기록을 전달받지 못했다.

나의 아버지 김광택은 프리모르스키 크라이에 위치한 76번 카레이스키 부대에서 부대장으로 지낸 적이 있다. 그러나 아버지가 얼마나 훌륭한 일을 하셨는지 자손들에게 그리고 이 세상에 증명할 기회가 없어 너무 슬프다. 2012년에 세상을 떠난 보리스 오빠는 항상 자신을 죄인이라고 말했다. 오빠는 모든 일에 있어서 매우 꼼꼼하고 세밀한 사람이었다. 그는 아버지의 모든 사진과 서류를 작은 검은 봉투에 차곡차곡 잘

보관했다. 그런데 어찌 된 일인지 그 작은 꾸러미가 어느 날 사라졌다. 그것은 우리로서는 지금까지도 풀지 못한 수수께끼 같은 것이다. 우리는 그 사실을 알고 매우 화가 났다. 부모님의 모든 사진과 흔적을 모았는데……. 우리는 아버지가 어떤 사람이었는지 이제 온전히 기억하지 못할 것이다. 지금은 세상에 없는 언니와의 어린 시절과 같은 소소한 이야기들만 남았을 뿐이다. 기억나는 사진 중 한 장은 아버지께서 붉은 군대 가운데에서 그들의 철모를 쓰고 서 있는 사진이다.

어떤 상장과 같은 것도 있었다. 또한, 블류헤르라는 사람의 이름이 쓰인 시계가 있었다. 그 시계는 아버지가 그 사람으로부터 받은 것이다. 그리고 아버지가 군복을 입고 말과 함께 찍은 사진도 있었다. 아버지가 군에서 일했다는 증거나 공증 같은 것은 없었다. 그러나 얼마 전 다행히도 아버지 전우의 일기장에서 아버지의 이름이 발견되었다. 아버지가 독립운동하셨다는 것이 입증되었고 돌아가신 아버지 대신 내가 아버지의 훈장을 받게 되었다. 이것으로 아버지의 명예가 회복되었다. 영원히 명예를 되찾지 못하는 것보다는 늦게라도 된 것이 다행이라고 생각한다. 아버지의 명예가 뒤늦게라도 회복되지 않았더라면 나에게는 한이 되었을 것이다. 하지만 내 아이들에게는 부끄러웠다. 아버지의 행적을 알릴 수 있는 정확한 증거가 우리에게 없어서 아이들에게 좀 더 구체적으로 설명해 줄 수 없기 때문이다.

어머니로부터 아버지가 크라스노야르스크와 칸스크에서 어떻게 지내셨는지를 자주 들었다. 어머니는 연대의 재봉사였다. 얼마 전 아버지와 같은 연대에서 복무한 동료의 회고록에서 이와 같은 도시들이 언급되었다. 사실 아버지의 이름이 어떻게 복원되었는지는 정확히 모른다. 그저 바닷가의 한 오래된 기록보관시설에서 아버지의 수상을 증명할 수 있는 서류들이 남아있을 뿐이다. 그 서류 중에 밝혀진 것으로 아버지는 고려극장의 첫 번째 지도자 중 한 명인 것과 작사도 하고 작곡도 했다는 것을 알 수 있는 자료가 나왔다. "그리워라 내 조국아"라는 노래를 짓고 작곡했다는 사실이 밝혀졌다. 어머니의 말에 의하면 아버지는 고려극장에서 심청전 같은 연극도 했는데, 연극을 할 때는 배우들한테 대사를 고려말로 하도록 했다고 한다. 아버지는 한글도 한문도 잘하시고 노래도 잘하셨다고 한다. 그런 아버지는 안타깝게도 내가 27살 되던 해(1967년) 돌아가셨다.

나는 국립사범대학교를 졸업하고 22살에 고려인 청년과 결혼하고, 27살부터 38살까지 우즈베키스탄에 있는 45호 스카야학교에서 러시아어-한국어 선생으로 아이들을 가르쳤다.

1978년 어머니가 돌아가셨다. 나는 어머니를 잃은 슬픔에 마음이 괴로웠는데. 카자흐스탄에 신문사가 생긴다는 소식을 오빠로부터 전해 듣고 교사 생활을 정리하고 신문사에서 일하기 시작했다. 어머니의 죽음으로 충격이 컸기 때문에 새로운 환경에서의 생활이 마음을 안정시키는 데 도움이 되었던 것으로 생각된다.

가족들은 두고 혼자 카자흐스탄으로 들어와 《고려일보》 서한부에서 일을 시작했다. 자리를 잡은 후 남편과 아이들이 알마티로 들어와 함께 살게 되었다. 신문사에서 13년 동안 일하고 한국회사에서 5년간 일했다.

사람들이 "너 태어날 때 자연이 모두 쉬고 있었어."('태어날 때 자연이 일을 하지 않아서, 부모님의 좋은 유전자를 받지 못해 똑똑하거나 예쁘지 않다'라는 러시아식 농담)라고 말할 때 그 말은 꼭 우리를 가리켜서 하는 말 같았다. 왜냐하면 우리 자녀 중 그 누구도 아버지의 비상한 머리와 지도력, 멋진 목소리, 글재주를 범접할 수 없었기 때문이다. 그러나 우리 자녀들은 모두 성실하고 근면, 정직하게 자랐다. 아버지의 아들인 보리스는 역사 선생님이 되었고 볼라는 수학 선생님이 되었다. 그리고 딸인 밀라는 농부가 되었고, 나 스베틀라나는 선생님이, 안나는 간호사가 되었다. 모두 부모님께서 주신 교육 덕분이다.

나는 지금 알마티 한국어교육원에서 고려인 노인들에게 한글을 가르친다. 또 필요할 때 노인대학에서 번역 및 통역 업무를 도와준다. 알마티 '비단길합창단'에 속해 있으며 가끔 고려일보에 기사도 쓰고 있다.

나는 자식들을 잘 키웠다고 생각한다. 큰아들 이고르는 광고 일을 하고 그림을 그린다. 둘째 아들 비딸리도 광고 일을 하는데, 그림에 취미가 있다. 딸 타찌야나는 한국회사에서 일한다. 알마티 지사장으로 있는

데 자주 한국을 왕래하며 일을 잘하고 있다. 그들은 한국의 전통과 관습을 잘 지키고, 한국 음식을 잘 먹는다. 추석이나 가족의 생일날에는 내 집에서 자녀들과 손주들 그리고 조카들까지 모두 20여 명이 모여 잔치를 벌인다. 설날에는 한복을 입고 세배하러 온다. 나는 돈을 미리 준비해서 그들에게 세뱃돈을 준다. 딸은 한국어를 정말 잘한다. 아들들은 딸보다는 한국어를 못 하지만, 전통은 잘 지킨다.

한국의 역사와 문화 프로그램에 손녀들을 참여시키도록 노력하고 있다. 가장 어린 8살 손녀는 조금씩 한국어를 읽기도 하고 쓰기도 한다. 그들은 여름에 한국에 갈 계획이다. 손녀들은 저금통에 100텡게씩 모으고 있다. 벌써 200달러를 모았다고 한다. 나는 그들에게 기도하라고 한다. 우리는 온 가족이 함께 교회에 매주 다닌다.

한 모금의 신선한 공기

김 스베틀라나

"누가 우리를 무능하다고 하는가? 우리의 운명은 우리가 좌우하노라"
(한 노래의 구절에서)

자기의 운명을 자신이 만든다고 한다. 혹시 그럴 수도 있지만, 항상 그런 것은 아니다. 인생이 저물어가고 모든 것이 다 뒤에 남고 앞에는 석양 밖에 보이지 않는 때에, 뜻밖에 운명은 아직도 주위 사람들을 위해 그 무엇을 할 수 있으며 그 누구에게 필요를 느낄 기회를 준다. 이런 의미에서 볼 때 노인대학이 한 모금의 신선한 공기와도 같다.

이건호 원장님이 운영하는 알마티 한국교육원에 연로한 사람들을 위한 고려인 노인대학을 열러는 훌륭한 아이디어가 나타났다. 노인대학이라는 명칭 자체가 특이하다. 보기에는 대학과 노인이라는 개념 자체가 어울리지 않는 것 같은데, 실지에 있어서는 너무나 잘 어울렸다.

처음에 60세 이상 나이의 노인 30명으로 그룹빠(후에 '반'이라고 칭했다)가 조성되었다. 여기에는 여러 직업 그리고 이를테면 각이한 사회적 지위와 성격의 노인들이 모였다. 그러나 모국과 자기의 뿌리, 언어, 역사, 문화, 전통에 대해 더 많이 알려는 소원이 그들을 단합시켰다.

'전혀 하지 않는 것보다 늦어서라도 하는 편이 낫다.'라는 격언이 있다. 무엇을 해보려는 소원 자체가 중요한 것이다. 노인들이 한국어를 모르니 통역이 필요하였지만 그런데도 큰 흥미를 갖고 강의를 들었다.

몇 개월(수업은 일주일에 한 번) 동안에 다 알아들을 수 있다고 생각하는 것은 물론 어리석은 일이지만 여기에서는 초보적 지식만 얻을 수 있는 것이 아니라 서로 교제도 할 수 있다는 것이 큰 수확이다.

교사들 그리고 새로 사귄 벗들과 만나기 위해 매 수요일을 애타게 기다린다는 말을 나는 노인들에게서 들었다. 그런 데다 이번 수요일에 듣게 될 강의가 재미있다는 것을 미리 안다면?!

그런데 실지에 있어 강의가 다양하고 재미있었다. 가장 중요한 것은 인식력을 넓혀주는 것이었다. 아마 노인대학을 다니기 전에는 김정복 학장님이 재미있게 이야기하는 한국의 역사에 대해 자세히 알고 있던 사람이 없었을 것이다. 김 선생님은 또 한글도 가르쳐주었다. 그래서 학년도 말에 가서는 다수가 자기 성명과 쉬운 말들을 쓸 수 있었다.

특별한 강사들을 외부에서 초대하였는데 그들은 한국인의 풍습과 전통에 대해 흥미 있게 강의하여 재미있고 유익한 것을 많이 알게 되었다. 예를 들어 절을 어떻게 정식으로 하며, 가정의 애경사를 어떻게 맞이하며, 민족 요리 만드는 법을 배웠다.

그리고 졸업식 날에 노인들이 얼마나 활기차게 노래를 부르고 춤을 추면서 기쁜 시간을 보냈던가! 그런 모습을 보니 청춘의 시절이 그들에게 되돌아온 듯하였다. 아마 그런 시각이 수명을 늘린다고 해도 과언이 아니다. 그러니 학장님이 노인들을 보면서 오늘 여러분은 수명을 100살까지 늘렸다고 한 것이 의미가 있다. 초대된 의사들이 무료로 진단하는 것도 바로 이것을 위해서다. 이건호 원장님의 발언도 바로 이에 대한 내용이었다. 원장님은 항상 그를 떠나지 않는 매력적인 미소로 마음에 드는 사업에 대해, 그가 꾸는 꿈에 대해 이야기하였다. 그러나 어떤 이야기를 하든지 간에 그의 사색은 다 교육에 대한 것이었다. 그만큼 원장님은 직업을 사랑하며 교육에 있는 힘을 다 바치는 분이다. 한 학기가 친절하고 따듯한 분위기에서 지나갔다.

주카자흐스탄 한국대사관 알마띄 분관 손치근 총영사님이 노인대학을 방문한 때도 그런 분위기가 계속되었다. 솔직히 총영사님의 방문을 앞두고 긴장성도 좀 있었다. 그러나 그것도 잠깐이었다. 몇 분이 지나서 긴장도 사라져버렸다. 총영사님은 유식한 분이라 언어 표현이 풍부한데도 불구하고 노인들이 알아들을 수 있는 쉬운 말로 한국에 대해, 외교관으로 일했던 여러 나라에 관해 이야기하였다. 또한 자기 선조들의 역사와 문화를 잊어버리지 않도록 차세대의 교육과 사명을 강조하였다.

우리의 젊은 교사들인 이영우 교수와 조성효 선생은 어린아이들을 보살피듯이 우리에게 배려를 돌렸다. 우리를 맛있게 먹이려고 힘썼으며 좋은 기분을 돋우어주고 소풍도 데리고 다녔다. 한마디로 말해서 우리가 불편을 느끼지 않고 편안하게 시간을 보내도록 힘썼다. 그분들의 노력이 헛되지 않았다고 말할 수 있다. 교사들의 밝은 미소와 친절한 인사는 온종일 좋은 기분으로 시간을 보내게 하였다.

그러나 아쉽게도 지난 11월 28일 졸업을 알리는 종소리가 울렸다. 성대한 분위기에서 졸업장을 수여하였다. 또다시 청춘 시절에 대한 회상으로 많은 노인의 눈에는 이슬이 맺혔다….

졸업증 수여식이 끝난 뒤에는 각종의 한국 요리가 갖추어진 뷔페가 졸업생들을 기다리고 있었다. 맛있는 음식을 드신 노인들은 졸업식 무도회로 안내되었다. 무도회장 내에는 선배들에게 감사와 존경을 표하여 노인들이 차린 상이 있었다. 음악이 울리자 노인들은 마음껏 춤을 추면서 즐겁게 시간을 보냈다. 그들은 나이도 잊은 것 같았다. 교사들과 학생들은 한 가족이 되어 '좀 섭섭하면서도 즐거운' 명절을 재미있게 보냈다.

존경하는 선배들이여, 실로 고결한 사업에서 큰 성과를 기원하는 바입니다!

(2012. 12. 07 고려일보 8면 한글판 게재)

---

* 김 스베틀라나 여사는 알마티 고려인 노인대학 1기 졸업생이자 통역사로, 노인대학 운영에 필수 요원으로 많은 봉사를 하고 있습니다. 아버지 김광택은 고려인 포병부대 정치교육장교를 역임하였고, 러시아 연해주에서 항일운동에 참여한 애국지사입니다.

김 스베뜰라나 니꼴라예브나

나는 1950년 1월 24일 탈티쿠르간주 우슈토베라는 작은 도시에서 태어났다. 우리 민족에게 이 도시는 고려인의 수도라고 불린다. 왜냐하면 소비에트 시절에 이곳에 고려인이 많이 살았기 때문이다. 나는 형제가 많은 가정에서 태어났고 자랐다. 나에게는 두 명의 언니와 세 명의 오빠가 있다. 오빠 김 게르만 니꼴라예비치는 역사학 박사, 한국학 교수인데 나와 친척들에게 존경받고 있다.

내가 어렸을 때 부모님께서는 고려인들이 카자흐스탄으로 강제로 이주당했다는 것에 대해 말씀해 주지 않으셨다. 나는 우리 민족이 항상 우슈토베에서 살고 있었다고 생각했다. 우리가 살았던 집은 바로실로브 거리에 있었다. 이 집은 부모님이 손수 지으셨다. 우리가 살던 마을에는 러시아 가족은 겨우 네 가정 정도밖에 없었다. 우리는 모두 사이좋게 지냈다.

우리 가족은 부유하지는 않았지만, 사랑과 행복이 있었다. 나의 어머니 헤가이 올가(1928년생)는 정말 일을 열심히 하시는 분이었고 여섯 자식의 자비로운 어머니였다. 그녀는 우리가 다른 사람들보다 부족하지 않게 살도록 열심히 노력하셨다. 우리에게 항상 열심히 공부해야 한다고 말씀하셨다. 여러 가지 지식을 가지고 있으면 미래가 열리리라 생각했기 때문이었다. 그녀는 춤을 추는 것을 좋아하셨다. 한국의 춤을 그냥 추는 정도가 아니라 고려인들의 축제에서 춤으로 1등 상을 받을 정도로 잘 추셨다.

나의 아버지는 여러 자식 중에서 특히 나를 좋아하셨다. 아마도 그건 내가 아버지를 매우 닮아서 그런 것 같다. 많은 사람이 아버지에게 그렇게 말하곤 했다. 나의 아버지 김준빈(1917년생)은 평생 고려인 극장에서 일하셨다. 극장에서는 그의 수고를 매우 높게 평가했고 그를 존경했다. 내가 어린 소녀였을 때 고려인 극장에서 하는 연극을 모두 보았다. 부모님은 항상 나를 데리고 가셨다. 예를 들어 〈오델로〉를 나는 7살 때 보았다. 무대에서 했던 모든 공연은 어린 나에게 매우 큰 감동이었다.

나는 어릴 때 보았던 것들을 생생히 기억한다. 지금까지도 연극 보기를 좋아한다.

어린 시절부터 나는 고려인의 말을 이해했다. 부모님은 나와 함께 있을 때 항상 고려말로 이야기하셨다. 그들이 말하는 것은 매우 신기했다. 우리 형제자매에게 항상 고려말로 이야기하셨으나 고려말로 대답하라고 강요하지는 않으셨다. 그래서 나는 러시아어로 말하고 읽고 쓸

뿐만 아니라 러시아어로 생각도 한다. 아마 우리에게 러시아어를 전혀 모르시는 할머니나 할아버지가 계셨더라면, 나는 그들과 고려말로 이야기했을 것이다. 그러나 나는 할머니, 할아버지의 얼굴을 한 번도 보지 못했다. 내가 태어나기 전에 돌아가셨기 때문이다.

나는 7살 되던 해에 15호 학교에 입학하였다. 이 학교는 이후에 261호 학교로 이름이 바뀌었다. 나는 공부를 정말 잘했고 은메달로 졸업했다. 무엇보다 나는 책 읽는 것을 좋아했다. 우리 학교에는 큰 도서관이 있었는데, 나는 8학년 때 이미 그곳의 모든 책을 거의 다 읽어버렸다. 나의 언니 타마라는 우슈토베의 큰 상점에서 일했다. 그녀는 가게에서 내가 책을 읽도록 허락하였다. 학창 시절에 나는 러시아 책만 읽은 것이 아니라 외국 작가의 작품도 읽었기 때문에 나는 낭만적인 소녀로 자랐다. 나는 사랑에 관한 책 읽기를 무척 좋아했다. 내가 14살 때 샬럿 브론테의 〈제인 에어〉라는 소설을 하루 만에 처음부터 끝까지 다 읽어버렸다. 사랑에 대한 호기심은 얼마 동안 나를 동요시켰다. 이 책을 읽은 후 40년이 지나서야 영화 〈제인 에어〉를 보게 되었다.

학교를 졸업하고 알마티 교육대학교 독문학과에 입학했다. 내가 다닌 대학교의 모든 과목의 선생님들은 다 훌륭하신 분들이었다. 그래서인지 독일어 수업이 아주 좋았다. 내가 쉬꼴라 5학년 때 이미 나는 독일어 선생님이 꿈이었는데 1972년 대학교를 우수한 성적으로 졸업하고 그 꿈이 실현되었다. 내가 다녔던 대학교의 독일어 강사가 된 것이다.

1976년 나는 모스크바 교육대학교의 대학원 과정에 입학하여 1979년 대학원을 졸업하고 박사학위 논문 준비를 위해 알마티에 돌아왔고, 1982년 대학에서 독일 민주주의 공화국(구서독)의 베를린대학교에 10개월 실습으로 보내 줬다. 이것은 나의 첫 해외로의 여행이었다. 나는 카자흐스탄 사람들이 보통 결혼하는 나이보다 비교적 늦은 나이인 30살에 결혼했다. 친척의 소개로 결혼했다. 아들과 딸 2명의 아이를 낳고 우리는 12년을 같이 살았으나 결국 헤어지게 되었다. 이것은 90년대 초의 일이다. 이때는 소련이 해체되어서 국가나 개인에게 있어서 매우 힘든 시기였고 많은 가정이 이혼했다.

지금 아들과 딸은 이미 성인이 되었고 나는 그들이 행복한 삶을 살기를 원한다. 아들 올렉은 32살이다. 그는 높은 수준의 경제교육을 받았고, 결혼했다. 그의 아들 다니일은 이제 겨우 2살이다. 다니일은 내게 매우 큰 기쁨이고 기적처럼 매일 나를 즐겁게 해준다.

딸 나타샤는 26살인데 국제경영대학을 졸업했다. 지금 프라하에서 살며 일하고 있다. 그녀는 그림, 음악, 춤, 스키에 흥미가 있는데 그림을 잘 그리며 피아노와 기타를 잘 연주한다. 그녀는 다양한 외국인 친구들과 교제하며 인생을 재미있게 살고 있다. 그래서 나는 매우 만족한다. 부모는 자식들이 행복하게 사는 걸 원한다.

나는 내 자신의 전문적인 활동에서 내가 행복한 사람임을 실감한다. 나는 내 일을 사랑한다. 특히 젊은이들과 함께 일하는 것이 즐겁고 행복하다. 그들과 함께 있으면 나 자신이 젊어지는 것을 느낀다. 나는 내 직업 덕분에 독일뿐만 아니라 오스트리아, 스위스, 네덜란드, 프랑스, 벨기에, 이탈리아 등 여러 나라를 다녀왔다. 독일에서는 실습으로 유명한 대학들을 다녀왔다. 그 바람에 많은 친구와 지인들이 생겼다. 앞으로 내가 가보지 못한 나라들을 여행하고 싶다.

나는 내 직업 덕분에 한국도 알게 되었다. 1993년 나는 라이프찌히에서 열린 국제 독일어 교수들의 세미나에 참여했다. 그때 한국에서 온 분을 알게 되었는데 그의 이름은 김병옥 교수이다. 1994년 그의 초대로 서울을 방문했고 독일어 전공 학자들의 대회에서 연설에 참여하게 되었다. 10일간의 한국인들과 보낸 시간을 잊지 않을 것이다. 그때 당시에는 내가 이방인이라는 것을 느끼지 못했다. 내 주위에는 가까운 사람들이 가득했다고 느꼈기 때문이다.

그로부터 10년 후 나는 관광여행으로 한국을 방문했고, 다시 10년 후인 2014년 5월 세 번째 한국을 방문할 기회를 얻게 되었다. 알마티 고려인노인대학 2회 졸업생으로 모국 방문 프로그램에 참여하게 된 것이다. 대학교에서 은퇴하고 알마티 고려인 노인대학에 입학하여 한국에서 오신 선생님들에게서 매우 흥미 있고 새로운 한민족의 역사, 전통, 관습 등을 알게 되었다. 그리고 알마티에 사는 고려인 노인들을 많이 사귀게 되어 즐거운 노년을 보낼 수 있게 되어 행복하다. 처음에는 한국에서 온 선생님들과 자연스럽지 않게 지냈으나 이제는 한국말을 알아듣게 되면서 친해지고 이해하게 되었다.

　나는 항상 내가 고려인인 것을 자랑스러워했었고 지금도 자랑스러워하고 있다. 우리 고려인 2세대는 부모님들 덕분에 민족성을 잃지 않았고 우리들의 문화와 전통과 관습을 지켰다. 지금 우리는 많은 민족 사이에서 흔적 없이 사라지지 않기 위해, 우리의 정체성을 지키기 위해, 우리의 아이들과 손자들이 한국어를 배우고 말할 수 있도록 노력해야 한다. 그리고 자신들의 역사적인 고향 한국과의 연결을 잃지 않도록 힘써야 한다.

김 예브게니 페트로비치

나는 1933년 8월 22일 러시아 땅에서 태어났다. 나의 아버지는 1900년에 태어나신 김 페트로 안드레이비치이고, 어머니는 1906년 출생하신 안 알렉산드라 니콜라예브나이다.

1937년 우리 가족이 치타에 살고 있었을 때 우리 집에 할아버지가 손님으로 오셨다. 할아버지는 1881년에 태어나신 김 안드레이 세묘노비치이다. 얼마 지나지 않아 할아버지는 일본 간첩으로 잡혀갔다. 바로 그해에 아버지도 잡혀갔다. 나는 아버지의 형들인 김 페트르 안드레에비치, 김 콘스탄틴 안드레예비치, 또 쌍둥이인 바디프와 비싸리온 말고는 다른 친척들을 알지 못한다. 그분들은 구리예프에 살다가 망기스타우로 강제로 이주당하였고 지금도 우리 할머니와 아버지 형제들은 다 거기에 살고 계신다.

우리 어머니는 교육의 기회가 적어 초등학교만 졸업하셨다. 우리 집에는 남자 어른들이 없어서 가난하고 힘든 생활을 했다. 아버지가 잡혀가신 후에 우리는 유랑 생활을 시작했다. 어머니는 어린 자식 3명과 함께 극동에서 카자흐스탄 크질오르다로 이주하게 되었다. 거기서 할머니의 여동생 한 나탈리야(1881년생)와 할머니의 딸(1915년생) 림 니카 니코라예브나를 만났다. 우리가 어렸을 때 할머니와 할아버지는 힘들어도 용기를 내서 열심히 살아야 한다고 했지만, 그때 우리는 잘 이해할 수 없었다. 지금은 그 말을 이해할 수 있다.

우리는 낙심하지 않고 '구두리'라는 집을 만들었고, 마루에 갈대 돗자리를 깔고 집에 들어오는 곳에 '가마' 페치카를 놓았다. 집 앞마당에 나무절구를 만들었다. 주문이 들어오면 현미를 백미로 만들어주고 임금으로 쌀을 조금 받았다. 하지만 이것은 계절노동이라 한철이면 끝났다. 나는 맏아들이기 때문에 할머니와 같이 밤새도록 다리로 방아를 누르곤 했다. 방아의 다른 쪽에서는 돌격대원처럼 쌀알이 채워졌다. 우리는 그렇게 백미를 만들었다.

어머니는 아버지의 옷과 갖가지 용품을 가지고 가서 생산품과 교환하며 살았다. 곧 어머니는 봉제 공장에 취직하셨고 나는 이웃 아이들과 놀면서 시간을 보냈다.

1941년 제2차 세계대전이 시작되었고, 가게에서 생필품은 찾아볼 수 없게 되었다. 빵은 쿠폰으로만 받을 수 있었다. 어른들과 노동자들은 하루에 500그램, 아이들은 300그램만 받을 수 있었다. 나는 당시 1학년 학생이었는데 학교에 다닌 지 얼마 안 되어 우리 학교는 육군병원이 되었고 전쟁에서 온 부상자들로 가득했다. 우리는 어느 아파트를 교실로 바꾸어 그곳에서 공부를 이어갔다. 그렇게 2년이 흘렀다.

1943년에는 여학생과 남학생을 나누어 학교가 만들어졌고 난 남자학교에 다녔다. 우리는 책과 공책들이 부족해서 너무 힘들었다. 또 음식으로도 고생을 많이 했다. 배고픈 우리에게 학교에서 가끔 흰 빵을 주었고 무료로 점심을 주기도 했다. 그해에 나는 고무신과 슬리퍼를 받았고, 겨우내 털실로 짠 양말과 슬리퍼를 신었다. 아버지나 형이 전쟁터에 있는 가족들은 배급을 받았다. 하지만 우리는 '민중의 적'인 가족이었기 때문에 배급을 받을 수 없었다. 어머니가 일하는 곳에서는 여름에 우리에게 채소밭을 주었는데, 나는 할머니나 어머니와 같이 채소밭을 갈았고 가을에는 옥수수와 강낭콩, 호박을 수확했다. 여름에는 여러 종류의 풀로 끼니를 때웠다. 쑥의 일종으로 만들었던 '쑥 도기'가 기억난다. 먹고 싶지 않아도 먹어야 했다. 가을에 옥수수, 강낭콩, 호박 등이 익으면 그것을 보는 것만으로도 기분이 좋았다.

가을 어느 날, 어머니가 봉제 공장에서 집으로 돌아올 때 한 달 기간의 배급 쿠폰이 있는 가방을 도둑맞았다. 그때 너무 힘들었다. 1943년에는 어머니와 고모가 장티푸스에 걸렸다. 나는 할머니와 같이 병원에 음식과 죽을 가지고 갔다 왔다 하였다. 어머니와 고모는 같은 병실에 세셨다. 이느 날, 고모가 죽을 뻔했는데 어머니가 제때 당직 의사를 불러 고모기 살 수 있었다. 1945년 5월에 전쟁이 끝나자 매우 기뻤다.

나는 1945년에 4학년을 졸업한 뒤 학교를 바꿔 지방학교에 다니기 시작하였다. 10학년을 졸업하고 무엇을 공부하고 어느 대학에 갈지 고민하였다. 군대에서 복무하는 것도 염두에 두었다. 하지만 어느 날 극장에서 야금 공장과 임업에 대한 영화잡지를 보게 되었고, 다음 해 임산 기술학과에 입학하였다. 권투하면서 공부했다. 대학교 1학년을 마친 뒤 칼리닌그라드 해군학교에 입학하고 싶었으나 위원회로부터 합격 받지 못했다. 나는 나의 민족성 때문이라고 생각했다. 대학교를 졸업한 뒤에 타 지구로 가서 일했다. 6개월 동안 일한 뒤 나에게 주택이 부여되지 않아 일을 그만두었다.

1958년에 알마티로 왔고 그해에 결혼했다. 내 아내는 1936년에 태어난 고가이 라리사 바실리예브나로 러시아어 및 문학 전공으로 크질오르다 사범대학을 졸업했다. 알마티 학교에서 일하고 그다음에는 유치원에서 교무주임으로 일하며 연금을 받고 생활하기 시작했다. 장인은 1900년생인 고가이 이바노비치이다. 1921년에 그분은 불법으로 마을에 공산당 조직을 만들고 빨치산이 되었으며 내전이 끝날 때까지 참전하였고, 카자흐스탄 잠블 지구에서 벼농사를 시작했다. 그 이후에는 모스크바 체미랴체프 아카데미로 공부하러 갔다. 졸업한 뒤 로스토프시에서 일했으나 체포되었다. 장인어른은 1958년에 돌아가셨고 돌아가신 후 한참 지나서 명예가 회복되었다.

1959년생 나의 딸 알라 예브게네브나는 카자흐스탄 사범대학에서 언어 교정의학을 공부하고 아이들의 언어 교정을 담당하는 의사가 되었다. 지금은 국립은행 유치원에서 언어 교정사로 일하고 있다. 1961년생

아들 알렉스는 카자흐스탄 에너지공과대학을 졸업하였고, 손자는 1991년생인데 학생이다. 2005년 아내가 죽고 나는 혼자 살고 있다.

  1937년에 강제로 이주당한 고려인들은 카자흐스탄 인구의 1% 정도의 소수민족인데 이들 중 박사, 엔지니어, 운동선수, 화가, 감독들이 많다. 카자흐스탄의 진보적인 국가정책으로 민족 차별이 없으므로 고려인들은 자기의 문화를 지키고 발전시켜 나가고 있다고 생각한다.

김옥자

내 이름은 김옥자이다. 러시아 이름은 김 나제스다이다. 1949년 1월 27일 사할린섬의 유즈노사할린스크시에서 평범한 사무원과 가정주부의 딸로 태어났다. 부모님은 1948년에 한반도에서 사할린으로 오셨다. 아버지는 남쪽의 강원도에서, 어머니는 북쪽의 신의주에서 오셨다. 한반도가 일본으로부터 해방된 후 많은 젊은 사람들이 더 나은 삶을 찾기 위해 사할린으로 건너왔다. 나의 부모님은 사할린에서 만나 가정을 이루었고, 그곳에서 나를 낳으셨다. 나의 두 남동생은 지금도 사할린에 살고 있다. 한반도가 안정된 후에 부모님은 고향으로 돌아가기를 원하셨지만 1950년 한국전쟁이 시작되자 소비에트에 남기로 하시고 소련 국적을 받아들이셨다. 나는 사할린에서 한국어 초등 기숙학교(1~4학년)를 졸업했다.

어렸을 때 나는 부모님의 고향으로 돌아가기를 꿈꿨으며 평양대학교에 입학하기를 원했다. 사할린의 길고 긴 겨울밤에 아버지는 가끔 자신의 그리운 고향에 대해 말하곤 하셨다. 그때마다 매우 슬퍼하시면서 그곳으로 돌아가고 싶다고 하셨다. 아버지에게는 일곱의 형, 누나, 동생들이 있었으나 그들의 소식에 대해서는 아…!, 사할린에 온 이후에는

아무것도 알 수 없게 되었다.

  나는 어린 시절을 오호츠크 해변에서 보냈다. 그곳에서 손으로 게를 잡기도 하고 부모님을 도와 미역을 따기도 했다. 사할린의 자연은 매우 아름다웠다. 숲에는 소나무와 전나무, 자작나무, 참나무 등 나무들이 섞여 있었다. 숲에 들어가 부모님과 함께 고사리 등 각종 나물들을 채집해 가지고 와서 삶고 건조시켰다. 그 이후에는 월귤나무의 열매를 채집하러 다녔다. 숲에서 열매를 채집할 때는 잊지 못할 사건도 많이 겪었다. 한번은 우리가 열매를 따고 있는데 숲에서 곰이 튀어나왔다. 우리는 바구니를 내팽개치고 비명을 지르며 도망쳤고, 곰은 우리를 본 후

숲속으로 되돌아갔다. 지금 어린 시절의 기억을 떠올리면 그때가 가장 행복했던 때가 아니었는지 생각한다. 나는 개인적으로 내가 활발한 아이였다고 생각한다. 겨울에는 아버지와 빙어 낚시를 했고, 스키, 체조, 달리기, 탁구 등을 하고 놀았다. 어머니께서는 내가 너무 밖에서만 논다고 늘 잔소리하셨다. 여자애는 어머니를 도와 집안일을 해야 한다고 하셨다.

나는 학업을 러시아학교에서 마치고 1966년에 알마티로 왔다. 산업 건설기술 교육을 받은 후, 그 일에 매료되어 건설 현장에서 일하기를 원했다. 그러나 대학교 3학년 때 함께 공부하고 결혼한 남편은 내가 건설 현장에서 일하는 것을 반대했다. 남편은 거친 욕들이 자주 오가는 그런 건축 현장을 뛰어다니는 것은 자신 하나면 충분하다며 허락하지 않았다. 그래서 나는 디자인 전문대학교에 기술전문가로 들어가 일했다. 얼마 후 국영기업 '도르보스트로이'로 직장을 옮겼다. 알마티의 도로와 상·하수도를 만드는 이 기업에서 가장 낮은 위치인 기술자부터 기획부의 이사까지 17년 동안 일했다.

1991년 신 사장님이 '알마티 제스트로이' 회사의 기획부 이사직을 제안하셔서 직장을 바꾸게 되었다. 1993년부터 2011년 12월까지는 주식회사 알마티 제스트로이 최고 경제전문가로 일했다. 그리고 2012년부터 알마티 한국교육원에서 고려인 노인대학의 통역전문가로 일하고 있다.

1996년부터 나는 알마티 한인회에 참가하고 있다. 그전까지 나는 이 단체와 아무런 관련이 없었다. 그해에 우리의 신 사장님이 알마티 제스트로이의 총 사장이 되었고, 한인회에서 그를 알마티 한국어교육원의 회장으로 뽑았다. 그 당시 신 사장님은 나에게 한인회를 도울 기회를 주셨다. 그분과는 정년퇴직할 때까지 25년간 함께 일했다. 나는 고려일보의 감사위원회의 일원이 되었는데 노인대학 개설 협의에 고려일보의 대표로 참여하게 되었고, 고려인 노인대학에 우연히 들어가게 되었다.

노인대학에서 통역을 맡게 되었다. 노인대학의 첫날은 나에게 정말 흥미로웠다. 아침의 나라인 한국의 전통, 역사, 풍습 등 한국에 대해 더 잘 알게 되었다. 나는 이곳을 두 학기나 다녔지만, 그것들이 헛된 일이라고 생각하지 않는다. 나는 한국어에 다른 사람보다 익숙해서 수업을 듣고 이해하기가 쉬웠고 교훈적인 내용도 많이 알게 되었다. 게다가 많은 다양한 사람들과도 알게 되었다. 한국교육원의 이건호 원장님 덕분에 그의 흥미로운 계획인 고려인 노인대학과 고려인 어린이 주말학교도 실현될 수 있었다. 나는 교육생들이 재미있게 강의를 듣는 것, 그리고 더 쓰고 읽는 것을 배우려 노력하는 것을 지켜보았다. 손치근 총영사님도 자신의 강의에서 이곳에서의 한국어교육은 절대 헛된 것이 아니라고 말씀하셨다. 총영사님은 고려인 아이들에게 우리의 교육을 물려줘야 한다고 강조했다.

나는 아이들과 손자들이 더 자신의 역사적인 고향을 알 수 있게 노력

할 것이다. 나는 노인대학 이후의 삶에서, 어디선가 나의 도움이 필요하다면 내가 할 수 있는 한 도울 것이라고 자신 있게 말할 수 있다. 노인대학의 두 학기를 마치고 2013년 5월 한국으로의 잊을 수 없는 여행이 우리를 행복하게 만들었다. 우리와 동행하고 아이를 돌보듯 우리를 구슬리고 달랬던 우리 회장님과 노인대학의 김정복 교장 선생님, 이영우, 조성효 교수님 그리고 우리가 머물렀던 장소들에서 따뜻하게 우리를 맞이해 주신 최선호 선생님께 큰 감사를 드린다.

사실 나는 한국으로의 여행이 처음은 아니다. 그러나 여행마다 이 나라가 이루어 낸 성취들이 나를 놀라게 하고 황홀하게 만들었다. 지금 한국은 세계에서 열 손가락에 꼽히는 가장 발전한 나라이다. 울산에 거대한 조선소와 자동차 공장들, 아름다운 완도와 진도, 완벽한 자동차 도로와 교통 분기점, 산 아래의 수많은 터널, 강과 육지, 섬을 연결하는 다리…… 이 모든 것을 묘사할 단어가 없다. 나는 나의 역사적 고향인 산뜻한 아침의 나라 대한민국을 자랑스러워하며 카자흐스탄에서 고려인으로 살고 있다.

---

* 김옥자 여사는 알마티 고려인 노인대학 창립 초기부터 통역자로, 행정가로 노인대학이 원만하게 운영되도록 많은 수고를 하였고, 모국 방문 때마다 통역과 인솔자로 수고를 많이 한 노인대학 운영의 필수 요원으로 봉사하고 있습니다.

김 타마라 디미트리예브나

나는 1951년 2월 11일에 크즐오르다에서 태어났다. 우리 할아버지는 어렸을 때 부모님이 일찍 돌아가시는 바람에 고아가 되었다고 한다. 고아가 된 그는 러시아 가정에서 자랐다. 이때 할아버지에게 '디미트리'라는 이름을 지어줬다. 할아버지는 한국 여자와 결혼했다. 그에게는 2명의 아들과 3명의 딸이 있었다. 자녀들의 이름은 모두 러시아어로 지었다. 그중 스테반 삼촌은 당원이었다. 스테반 삼촌은 러시아 여자와 결혼하여 두 아들을 낳았다고 하는데 그들이 지금 어디에 살고 있는지 알지 못한다. 그 이후에 삼촌은 러시아 여자와 헤어지고 고려인 여자와 재혼했고 류드밀라라는 딸이 태어났다. 나중에 삼촌은 NKVD(내무인민위원회)라는 조직이 데리고 갔다. 그 후의 삼촌의 삶이 어떻게 되었는지는 아무도 모른다.

나의 아버지는 군인이었으며 어머니와 함께 블라디보스토크에 있는 군인들의 도시에서 살았다. 카자흐스탄으로 왔을 때 어머니는 둘째 아이를 가졌다. 아버지는 그 후에 크질오르다에서 취직했다. 전쟁이 일어나자, 아버지는 노동군대에 갔고, 어머니는 혼자서 힘들게 아이들을 키우게 되었다. 어머니에게는 아들 3명, 딸 3명 모두 6명인데 나는 다섯째이다.

  1953년 거주 이동이 자유로워지자, 우리 가족은 카프카스로 이사했다. 우리는 다게스탄이라는 지역의 작은 마을에서 살았다. 나는 6살 때까지 한국어를 말했다. 7살 때 또다시 우리는 러시아 민족이 살고 있는 마을로 이사했다. 나는 거기서 초등학교 1학년에 입학했다. 처음에는 러시아어를 몰라서 애를 먹었는데 빨리 배워서 따라갈 수 있었다.

  거기서 우리는 어렵게 살았다. 부모님이 밭에서 일하시는 바람에 나는 혼자서 집에 있는 날이 많았다. 큰오빠는 레닌그라드에서 군인양성 고등학교를 졸업하고 군인이 되었다. 그러나 오빠가 병에 걸려서 군대를 일찍 떠나게 되었고 알마티로 이사하게 되었다. 결국 큰오빠는 39살 나이로 자식 3남매를 아내에게 맡기고 세상을 떠났다. 둘째 오빠 아나톨리는 의과대학교를 졸업하고 알마티에 있는 병원에서 치과의사로 일했다. 현재는 연금 수령자로 살고 있다. 남동생 로란드는 사업가이다. 우리 자매는 대학교에 가지 못했다. 큰언니는 평생 농사를 지으며 살았고, 둘째 언니는 카프카스 공장에서 기사로 일하다가 나중에는 밭에서 일했다. 둘 다 결혼하여 자녀와 손자들이 있다.

  나는 어렸을 때부터 독서를 좋아해서 집에 있는 책을 모두 읽었다. 그중에 내가 가장 많이 감동한 책은 보이니치의 〈둥근천장〉이라는 작품이었다. 주인공이 하나님과 아들 중 하나를 선택해야 하는 연극이 너무 감동적이었다. 이 책을 읽으면서 인간은 어떤 사상이나 다른 사람을 위해서 죽을 수도 있다는 사실을 알게 됐다. 큰오빠가 레닌그라드에서 가져온 책 덕분에 많은 책을 읽을 수 있었다. 뒤마, 졸라, 모파상, 마인레이드 등의 작품을 읽느라 하루가 어떻게 지나가는 줄 모를 지경이었다. 나는 책 읽기도 좋아했지만, 음악이나 그림그리기도 좋아했다. 그렇지만 형편이 어려워 피아노를 가질 수 없어 제대로 배우지는 못했다. 인형에게 옷을 만들어 입히는 것도 좋아했다. 쉬꼴라 10학년을 졸업하고 대학교에 가려고 했는데 내가 가고 싶은 곳은 부모님이 반대했고 부모님이 보내려고 하는 대학은 내가 싫어해서 진학을 포기하고 공장에 취직하였다. 6개월 정도 일했는데 어머니가 병이 나서 공장에서 나와 어머니 대신 집단농장에 나가 일을 했다. 그곳에서 남편을 만났다. 처음 그 사람한테서 고백을 받았을 때는 거절했다. 가을이 되자 어머니의 수술 때문에 어머니는 알마티에 있는 병원으로 수술을 받으러 가시고, 농장에는 그 남자와 우리 자매만 남게 되었다. 그때부터 그 남자가 마음에 들기 시작해서 사귀기 시작했고, 내 나이 20살이 되던 1971년 1월 알마티에서 결혼식을 올리고 일주일 후에 카프카스에 돌아와 다시 결혼예식을 올렸다. 결혼식은 거의 러시아식으로 치렀고 일부는 고려인식으로 치렀다.

우리가 결혼할 때는 시부모님이 돌아가신 후였다. 시아버님은 남편이 18살 때 돌아가셨고, 6년 후에 시어머님도 돌아가셨다. 남편은 부모님이 돌아가시는 바람에 대학교에 진학하지 못하고 기술고등학교를 졸업하고 공업용 기계를 수리하는 기능공으로 일했다. 우리는 결혼한 이듬해 딸을 낳고 이름을 마르가리타라고 지었고, 딸을 낳고 2년 후 아들을 낳아 베체슬라브라는 이름을 지었다. 남편은 대부분 시간을 작업장에서 보냈다. 우리는 카프카스에 있는 작은 도시인 베스란에서 크고 예쁜 집을 짓고 몇 년간 아이들을 키우며 행복하게 살았다. 하지만, 어려움이 닥쳐서 그 집을 팔고 남편이 이전에 일했던 마을로 이사를 하였다. 딸은 쉬콜라를 졸업하고 모스크바에 있는 대학교에 진학하여 공부하다가 결혼했다. 11월에 우리의 첫 손자인 스타니스라브가 태어났다. 그 소식을 듣고 무척 기뻐했으나 그 기쁨은 오래가지 못했다. 딸과 사위가 대학 공부를 하지 못하고 농장에 일하러 갔다. 당시에는 농장에서 일하기 위해 직장이나 학교를 그만두는 일이 많았다.

1990년 8월에 남편이 병에 걸려 병원에 입원하게 됐다. 두 달 반 동안 나는 남편과 같이 병원에 있었다. 남편의 몸이 마비되어 전혀 움직일 수가 없었다. 1년이 지나자, 남편의 몸은 점차 굳어지기 시작했다. 숟가락 잡기도, 걷기도 다시 배워야 했다. 나는 남편의 고통스러워하는 모습을 보는 것이 너무나 힘들었다. 나는 그때 39살이었다. 언니와 오빠들은 나를 걱정하며 알마티로 불렀다. 1999년 나는 마비된 남편과 두 아들과 함께 내가 청소년 시절을 보낸 알마티로 돌아왔다. 처음에는 물론 힘들었다. 아들은 닥치는 대로 아무 일이나 했다. 시간이 지나면서 생활이 점차 펴지기 시작했다. 우리는 작은 밭에서 채소, 참외, 수박을 심고 농사를 지었다.

2001년 큰아들 루슬란이 결혼했고, 2년 후에 작은 아들 베체스라브도 결혼했다. 며느리는 둘 다 고려인이다. 큰며느리 스베뜰라나는 회사에서 회계사로 일하고, 둘째 예레나는 주부로 자녀를 키우며 가정을 돌보고 있다. 음악학교와 외국어대학교를 졸업했는데 노래를 아주 잘 부른다.

나는 두 아들에게 대학 교육을 하지 못하고 둘 다 전문기술고등학교를 보냈다. 그러나 그들은 도시에 가자마자 다른 사람의 도움 없이 가구 생산 사업을 시작했다. 나중에는 'BLVM'이라는 호주 회사의 공식적인 대표가 되었다.

큰아들은 아들만 3명, 작은아들은 아들 3명과 딸 1명을 두었다. 손주들이 많아 난 행복하다고 생각했다. 그러나 남편은 이들을 보지 못하고 2005년 사망했다. 나는 남편이 사망하자 굉장히 슬펐다. 나는 아무것도 할 수 없었다. 모든 것에 흥미를 잃었다. 그러던 중 내 생활에서 헤가이 나탈리야라는 새로운 친구가 나타났다. 그녀는 아주 착하고 의지가 강한 편이다. 옛날에 그 친구도 몸에 마비를 겪었다가 거의 회복했다고 한다. 그녀는 나를 알마티 한국교육원에 데리고 갔고, 거기서 김 스베뜰라나 니콜라예브나라는 자신의 친구를 소개해 주었다. 이 친구 덕분에 나는 고려인 노인대학에 다니게 되었다.

노인대학의 수업은 수요일마다 있었다. 우리 반은 모두 친한 친구가 되었다. 또한 이제 나는 내 모국에 대해서 많은 것을 알게 되었다. 모국의 역사, 풍습, 전통춤, 노래 심지어 음식에 대해서 많은 것을 배우게 되었다. 한국 음식도 먹게 되었다. 이제 나는 한국어를 읽을 수 있다. 자랑스럽다. 한국은 짧은 기간에 재빨리 발전해서 세계 10개 선진국 대열에 들어가는 나라가 되었다. 한국과 카자흐스탄이 서로 좋은 사이어서 다행이다. 사고방식의 차이가 있지만 우린 한민족이다. 나는 자손들에게 이런 말을 하고 싶다.

"어떤 상황에서도 한국 사람인 것을 잊지 마세요!"

리 블라지미르 니골라예비츠

나는 1940년 카스피해 연안 도시인 아티라우(구 도시명 구리예프)에서 태어났다. 석유 산업과 어업의 도시인데 해수면보다 27m 낮은 곳에 있다. 지난 세기 초에 노벨상의 창시자인 노벨이 이곳에서 석유를 발견했다. 소비에트 붕괴 전까지 구리예프는 캐비어와 철갑상어 종류인 붉은 물고기의 진액으로 세계에서 가장 유명한 곳이었다. 스탈린의 강제 이주 정책에 의해 1937년부터 이곳에 정착한 고려인들은 우랄강의 물고기 덕분에 다른 곳의 고려인들보다는 어렵지 않게 살았다. 또한 제2차 세계대전 직후 1946년, 1947년도의 대기근에도 물고기들은 크게 도움이 되었다. 우리는 북한의 쌀 배급처럼 빵 배급권을 받았다.

나는 8살 되던 해에 할머니의 등에 업혀 초등학교에 입학하였다. 나는 한국어와 카자흐어는 말할 줄 알았지만, 러시아어를 잘 몰라서 유급을 했다.

1953년 스탈린이 죽은 후 고려인들은 소비에트 안에서 이동의 자유를 얻게 되었다. 이때 우즈베키스탄과 카자흐스탄에 사는 고려인들이 카프카스로 많이 떠났다. 곧 그곳에서 쌀이 재배되기 시작했다. 우리 가족도 카프카스로 갔고, 그곳에서 학교를 졸업했다. 나는 공부를 더 해야 했기 때문에 1960년에 로스토프나도누시의 하천전문학교에 들어갔다. 국가의 생활 보장 아래 군사교육도 받았다.

학교를 졸업한 후 항법 기술 졸업장을 받고 1년 동안 이등 항해사로 일했다. 그리고 돈강과 볼가강을 따라 배를 탔다. 1964년부터 3년간 육군에서 복무했다. 볼고그라드의 탱크부대에서 2차 세계대전의 주력 탱크였던 T-34탱크의 기술 운전사로 복무했다.

하천전문학교 마지막 학년 때에 나는 결혼했고 아들을 낳았다. 아들은 지금 러시아 로스토프나도누시에 살고 있는데 올해 50살이며 두 아들이 있다. 군대 제대 후 나는 구리예프에 살고 계시는 부모님께 돌아가야만 했다. 하지만 나의 아내는 가기 싫어했고 그녀는 로스토프나도누에 남기를 결정하여 우리는 헤어지게 되었다. 그때 아버지에게 두 번의 뇌졸중이 생겼다. 아버지에게는 4명의 어린아이가 남았는데 아이들을 양육할 사람이 나밖에 없었다.

구리예프에서 나는 우랄강의 선장이 되었다. 아버지는 병상에 계셨고 동생들은 아직 어렸다. 어머니는 수박과 양파를 재배했다. 나의 도움이 우리 가족에게 절실했다. 그러던 중 1969년에 나는 우랄강의 한 선박회사의 선장으로 일하면서 육지에서 새 직업을 찾았다. 1975년에 건축자재 종합 기업의 사장 대리를 하게 되었다. 그리고 새 건축기업을

조직했다. 건축자재의 공급에 대한 문제나 자금 공급, 기술적인 문제 등 할 일이 정말 많았다. 그렇게 나는 5년을 일했다. 1982년에는 BN-300이라는 원자력 발전소를 세우는 일로 악타우시(구 세브첸코)로 보내졌다. 그곳에서 나는 다양한 분야의 기업에서 이사로 1997년까지 일했다. 마지막 5년 동안 악타우에서 '카자콤스뜨로이 은행'을 관리했다.

니의 아버지의 성함은 리이길이며 1912년 평양 부근에서 태어나셨다. 15살에 빨치산 부대에 들어갔다. 그 당시 일본인들은 가족 중 누군가가 빨치산 부대에 들어가면 그를 죽이는 것뿐만 아니라 모든 가족을 처벌했다. 큰아버지는 아버지가 일본인들과 싸우려면 가정으로부터 멀리 떨어져야 한다고 하셨다. 그리고 일본인에게는 아버지가 사냥 중 죽었다고 말했다. 아버지가 있던 빨치산 부대는 중국으로 옮겨갔고, 아무르강을 건너 러시아 땅으로 들어갔다. 그곳에서 러시아의 공산주의자들은 여섯 개의 탄약통과 건빵, 새 각반을 주었다. 그리고 각자 1명씩 일본인을 죽이기 위해 죽음을 각오하고 다시 아무르강을 건너 중국으로 보내졌다. 하바롭스크 도시를 지나가는 도중 소비에트 군에 의해 막혀서 결국 아버지가 있던 빨치산 부대는 소비에트에 남게 되었다. 아버지는 자신이 빨치산 부대원이라는 사실에 대해 누구에게도 말하지 않았다. 일본의 첩자라는 신고로 많은 빨치산이 탄압당했기 때문에 자신도 그렇게 될까? 두려웠기 때문이다. 내가 5살이던 어느 날 아버지가 집으로 달려와서는 모든 사진을 난로에 넣고 태워버렸다. 그러나 나는 하나의 사진을 또렷이 기억한다. 아버지가 한 동지와 움막 앞에서 가죽 재킷에 벨트를 차고 낡은 모제르 권총을 들고 찍은 사진이다. 움막은 가게였고 아버지는 콤소몰스크나아무레에 있는 가게의 관리자였다.

내 나이 6살쯤의 일로 기억하는데, 밤중에 우리 집에 두 남자가 총을 들고 침입해 침대에서 잠을 자는 아버지를 붙잡아 끌고 가려고 했다. 할머니는 그들에게 매달렸지만, 그들은 할머니의 머리에 총을 쏴 할머니는 피투성이가 되었다. 그래도 할머니는 그들을 놓지 않으셨다. 그들이 방을 나가려고 할 때 서랍장 위에 있는 차와 보드카를 보고, 한 명은 차를 집어 들었고, 나머지 한 명은 보드카를 가지고 아버지를 끌고 나갔다. 할머니는 이미 의식을 잃으셨다. 그들은 아버지를 세 발 오토바이에 태우고 떠났다. 그들이 오토바이를 옆으로 꺾을 때 오토바이가 뒤집혔다. 아버지는 모터에 다리가 깔리고 상처를 입으셨다. 그들은 아버지를 끌어내리고 떠나버렸다. 그들은 국가안전위원회라고 하는 곳의 요원들이었다. 그들은 원래 우리 이웃집 사람을 잡으러 왔다. 누군가가 우리 이웃집 변소에서 스탈린 사진이 있는 잡지를 화장지로 사용한 것을 고발해서 잡으러 왔던 것인데 그 집 문이 잠겨 있어서 들어가지 못하고 이웃인 우리 집에 들어온 것이란다.

나의 어머니 김 알렉산드라는 1922년에 태어나셨다. 1939년 기술대학교 2학년 학생이었을 때 아버지를 만나 결혼했다.

1937년 나의 이모(어머니의 이복 언니) 김순옥(러시아어로 '류바')은 친구와 함께 블라디보스토크에서 오렌부르크로 왔다. 그리고 직업 기술학교 법학부에 입학했다. 첫 학기가 끝날 무렵 12월 그들은 수업이 끝난 후 집으로 걸어가고 있었다. 그런데 그들에게 2명의 남자가 다가와 귀찮게 했다. 갑자기 자동차가 왔고, 그들은 이모와 친구를 자동차에 밀어 넣고, 어딘가로 끌고 갔다. 그들은 좁고 긴 벽장 같은 어떤 곳에 갇혔다. 몇 시간 후 벽장이 열렸고, 어떤 글이 적혀있는 종이를 내놓고 서명을 하라며 서명하면 풀어준다고 했다. 하지만 이모와 친구는 다 읽고 나서 단호하게 거절했다. 왜냐하면 그들이 존경하는 선생님이 일본의 첩자라고 적혀있었기 때문이었다. 그러자 그들은 소금에 절인 청어 한 마리씩 주고는 마실 것도 주지 않고 다시 벽장 안에 가두었다. 벽장 안은 딱 두 사람이 서 있을 수밖에 없는 좁은 공간인데 화장실 가는 시간과 식사 시간 외에는 꼼짝 못 하고 그 좁은 공간에 서 있어야만 했다. 그 조작된 서류에는 선생님은 일본 첩자이고 이모와 친구는 일본 첩자의 조수라고 쓰여 있었고, 이들은 간첩행위를 위해 학생 신분으로 위장해 오렌부르크로 왔다고 적혀있었다.

며칠을 가두어 놓고 있었는데 어느 날 이들은 러시아 북쪽의 영원히 얼어붙은 섬 '바이가치(Vaygach)'로 보내졌다. 그곳은 연중 6개월 동안 북극의 밤이 계속되는 섬인데 주위는 온통 바다여서 도망갈 수도 없는 곳이었다. 죽은 시체들은 땅에 묻지 않고 해안가 얼음 위에 버려두었다. 여름이 왔을 때 그 시체들은 바다로 떠내려갔다. 그곳에서 이모는 괴혈병에 걸려 이가 다 빠졌고 턱으로 겨우 음식을 먹어야 했다.

전혀 인간적으로 살 수 없는 그곳에서 그녀는 10년을 살고 1947년 자유의 몸이 되어 소비에트연방의 가장 더운 남쪽의 땅 우즈베키스탄으로 보내졌다. 다행히도 그녀는 그곳에서 어머니와 할머니의 주소를 알고 있는 사람을 만났다. 그리하여 우리 가족은 다시 만나 함께 살게 되었다. 모진 풍파에 시달리면서도 수명은 길어 그 이모 김순옥(류바)은 87세까지 사시고 세상을 떠나셨다.

우리 누르술탄 나자르바예프 대통령은 모든 민족의 평등을 정치 이념으로 삼았다. 그래서 카자흐스탄 민족총회라는 기구를 세웠다. 그리고 그 기구는 지금 권위 있는 기구가 되었다. 고려문화센터의 전 회장 채유리는 지금 상원의원이다. 그리고 카자흐스탄 고려인협회의 김로만 회장은 하원의원이 되었다.

  20년 전 카자흐스탄 민족총회를 세울 때 나는 창립 위원 중 한 명이었다. 나는 카자흐스탄의 법을 제정하는 일에 그리고 나는 대통령의 정원 외의 조언자 중 하나였다. 나는 카스피해 악타우시의 고려문화센터 회장으로 선출되었다. 악타우의 고려인들과 함께 사회문화적인 일을 했다. 나는 카즈코므뜨로이 은행의 사장으로 일했고, 고려문화센터, 고려일보, 고려극장의 후원자가 되었다. 이 일을 하는 데는 많은 돈이 필요하다. 설날 행사에만 해도 27만 루블이 들었는데 이 돈은 러시아 고급 자동차 볼가의 가격과 맞먹는 액수다.

  소비에트 이후 고려인들은 많은 성공을 거두었는데, 그중 77명만 훈장을 받았다. 파시즘 독일에 반대한 대조국전쟁의 영웅적 행동으로 고려인 장교 '민'은 소비에트의 최고 훈장인 금장을 받았다. 나는 일제와 투쟁한 독립유공자후손회 회장인 계 니콜라이와 좋은 관계를 맺고 있다. 독립유공자후손회에서는 한국 독립을 위해 싸운 고려인 영웅들의 사진이 들어있는 달력을 매년 발행한다. 나는 고려인 젊은이들이 조상 나라의 언어와 관습, 문화, 역사에 대해 무관심하게 대하는 것이 마음 아프다.

나는 알마티 한국교육원에서 개설한 고려인 노인대학에 입학하여 2013년 12월 13일 졸업장을 받았다. 열심히 공부했고 수업을 한 번도 빠지지 않아 개근상을 받았다. 노인대학에서 우리는 한국의 언어와 전통과 관습, 문화, 역사를 배우고 있다. 언어는 민족을 대표하는 것 중 첫 번째로 중요한 것이다. 누군가 내 어린 손자에게 어느 민족이냐고 물었을 때 손자는 러시아 사람이라고 대답했다. 자신은 러시아어로 말하고 있으니 러시아 사람이라고 대답한 것이다. 누가 나에게 그런 질문을 한다면 나는 분명 고려인이라고 대답할 것이다. 우리 고려인들은 오랫동안 카자흐스탄에 살면서 우리 민족의 언어가 아닌 러시아어를 배우고 사용했기에 내 손자처럼 대답할 수밖에 없을 것이다. 그러나 이제는 우리 민족의 언어를 보호하고 사용하도록 노력해야 한다고 생각한다.

나는 철학자나 목사는 아니지만 젊은 사람들에게 신을 제외하고 가장 우선순위는 부모님이라는 것을 상기시켜 주고 싶다. 그리고 나는 외할머니가 한 말을 전해주고 싶다. '노인들은 외로움과 모욕으로 죽는다.'

우리 노인 세대의 고려인들은 잘살기 위해 열심히 공부하고 노력했다. 그리고 부모님 잘 모시고 자손들 성공을 위해 엄청나게 노력했다. 내 아버지는 직접 손으로 집을 7채나 지었다. 난 다섯 살 때부터 못과 각종 기구를 나르며 아버지 일을 도왔다. 그리고 아버지는 중국 친구와 만날 때 중국어로, 때로는 일본어로 말했고, 러시아어는 물론 카자흐어까지 잘하셨던 분이셨다. 지금 젊은 세대 사람들은 꼭 카자흐어와 러시아어는 물론 한국어도 알아야 한다. 카자흐어는 국가의 언어이고, 한국어는 고향의 언어, 러시아어는 문학과 학문에 백과사전과 같은 지식을 주는 언어이다. 나는 젊은 시절에 오스트롭스키 작가의 〈강철은 어떻게 단련되었는가〉라는 책을 읽고 큰 감명을 받았다. 좀 더 자라서는 푸시킨의 〈에브게니 오네긴〉과 톨스토이의 〈전쟁과 평화〉를 읽고 감명을 받았다. 지금은 세계화가 되어서 영어는 우리에게 필수적인 언어이다.

스탈린의 강제 이주 시기인 1937년 한국어 학교가 문을 닫게 되었다. 소비에트의 그러한 정책이 우리 다음 세대 고려인들의 한국어교육을 방해했다. 이것은 우리 자식들이 한국어를 못하는 것에 대한 잘못이 없음을 의미한다. 그러나 나는 내 자식들이 한국어를 못하는 것은 부모인 우리가 다음 세대인 자식들에게 한국어를 가르치지 않았기 때문이라고 생각한다. 그래서 나는 이제부터라도 손자들에게 한국어를 공부시킬 것이다.

민 타찌야나 산보예브나

나는 민 타찌야나 산보예브나이다. 결혼하기 전의 나의 성은 박씨이다. 카자흐스탄에서는 결혼하면 대개 남편 성을 따른다. 나는 1951년 2월 7일에 카자흐스탄의 옛 수도인 크질오르다 지역에서 태어났다. 나의 아버지 박 산보이는 1918년에 태어났고, 어머니 박 마리나 니꼴라예브나는 1923년에 태어났다. 이분들은 원동에서 태어났다. 1937년 강제 이주 시 사람들은 할아버지를 일본 간첩이라고 이야기했다. 하지만 1950년대 후반에 이것은 잘못되었음이 밝혀졌다.

각각 4명의 자녀를 둔 내 할머니들 한 아가피야와 안 올가는 똑같은 시간에 과부가 되었다. 그들은 다른 고려인들처럼 원동에서 카자흐스탄으로 추방되었다. 오랜 시간 가축을 수송하는 열차에 타고 이동하는 동안 배고픔과 질병으로 죽음을 맞았다. 어린아이와 노인들의 희생이 많았다. 내 할머니와 아이들은 1937년~1947년에 크즐오르다에 있는 참호에서 살았다. 기적적으로 그들 모두 살아남았다.

아버지는 가족의 장남으로 할머니를 모셨고 현장에서 일을 했다. 그는 고등교육을 받기 원해서 타슈켄트 산업대학교에 들어갔다. 가족을 부양하기 위해 1년 공부하고 일하다가 다시 공부하는 수밖에 없었다. 30년 만에 대학을 졸업했다. 전기공학 학위를 받았다. 대학 졸업 후 농업대학에서 교사로 일했다. 그 당시에 자격을 갖춘 직원이 거의 없어 아버지는 크질오르다 지역에서 전기 회사 사장으로 임명되었고 은퇴할 때까지 근무했다. 우리는 아버지를 집에서 거의 보지 못했다. 출장을 자주 갔고 모든 크질오르다 지역에 전기를 보급하는 일로 늘 바쁘게 일하셨기 때문이다. 어머니 박 마리야 니꼴라예브나는 타슈켄트 의학대학교를 졸업하고 폐결핵 양호실에서 근무했다. 부모님은 지역에서 존경받는 유명한 사람들이었다. 카자흐 사람들은 부모님을 베시바르마크 식사에 초대하여 아버지에게 항상 양 머리를 공급했다. 양 머리는 가장 귀한 손님에게 대접하는 음식이다.

나는 어린 시절을 명확히 기억한다. 학교에서 학과 공부뿐만 아니라 음악, 운동도 잘했고 사회 활동에도 적극적으로 참여하여 '국제 개척자 아르텍'이라는 캠프에서 상도 받았다. 1969년 고등학교를 졸업한 후에는 알마티 의과대학교에 입학하여 기숙사에 살면서 열심히 공부하면서 틈틈이 극장에 가거나 소설책을 읽었다.

나는 대학에서 함께 공부한 남자를 만나 결혼했는데 그가 민국식이다. 그는 아주 재미있는 사람이었고 역도 선수였으며 아코디언과 피아노를 잘 연주하여 항상 여자들 곁에 있었지만 결국 나를 선택했다. 나는 1975년에 결혼한 후에야 시아버지인 민연욱(콘스탄틴 이바노비치) 씨가 대한민국의 영웅, 독립운동가 민긍호의 아들이라는 것을 알았다.

1937년에 이 가족은 카자흐스탄 쉼켄트 지역의 사이람 마을로 추방되었다. 민연욱의 아내인 김 타찌야나는 10명의 아이를 낳았지만 배고픔과 추위로 인하여 6명이 사망했고 4명만 남았다. 민연욱은 2차대전 전쟁 동안 노동군대에 들어가 석탄 광산에서 일했다. 전쟁이 끝난 후 쉼켄트 지역의 마을 학교에서 러시아어 교사로 일했다. 그는 매우 근면하고 정직한 사람이라고 많은 사람이 기억한다.

민연욱은 누구의 아들인지 그리고 고향이 어디인지를 평생 잊지 않았다. 그는 고향에 대한 그리움으로 인하여 두 아들에게 '한식'과 '국식'이라는 이름을 붙였다. 두 아들의 이름의 첫 글자를 연결하면 '한국'이라는 단어가 된다. 가정 형편이 어려운 가운데도 자녀들 모두를 대학에 보내 공부시켰다. 딸 시레나, 알렉산드라, 작은아들 국식(레온티)은 의사가 되었고, 큰아들 한식(안톰)은 교사가 되었다.

현재 민긍호의 자손 가족은 47명이고 그들 모두는 고등교육을 받았다. 그들 중에는 교사, 건축가, 은행원이 있고 유명한 사람들도 있다. 카자흐스탄 고려인협회 회장인 김로만 우헤노비치와 국제스케이팅 선수인 데니스 텐이 있다.

민긍호는 하늘로 돌아가셨다. 그러나 그는 잊히지 않았다. 그의 죽음 이후 그의 인생은 새롭게 시작되었다. 그는 한국 사람들에게 고마운 사람으로 기억되고 있다. 그의 무덤은 원주시 봉산동에 위치한 민긍호 의병장 묘역에 있다. 1908년에 돌아가신 그는 1962년에 대한민국 정부로부터 건국훈장 대통령장이 추서되었다. 이 훈장은 그의 손자인 민인식이 받았다.

나의 딸 민은숙(나탈리야)은 1975년에 태어났고 대학교를 졸업하고 지금은 '트란스텔레콤'이라는 회사에서 근무하고 있으며 그녀의 남편인 마민 루슬란은 육군 중령이다. 딸에게는 아들 일리야스가 있다. 일리야스는 아스타나에서 살고 있다. 둘째 딸 민숙(마리나)은 1978년에 태어났고 대학교를 졸업하고 석유회사에서 근무하고 있다. 그녀의 남편 보타예브 니콜라이는 사업가이다. 그들에게는 딸 가리나가 있다. 막내아들 민벤환(알렉산드르)은 1989년 국제비즈니스대학교를 졸업하고 코카콜라 회사에서 근무하고 있다.

나 민 타찌야나 산보에브나는 의과대학교를 졸업한 후 산부인과 학위를 받았다. 산전 클리닉에서 일했고 나중에는 요양원에서 근무했다. 산부인과에서 오래 근무하는 동안 수많은 임산부와 어린아이를 치료했다. 나는 내 직업을 사랑하고 자랑스럽게 여긴다.

1993년에 사랑하는 남편 민국식이 사망했다. 그리고 2년 이내 어머니, 아버지와 남동생이 죽음을 맞았다. 소연방이 붕괴하고 카자흐스탄이 독립되었지만, 경제가 혼란에 빠져 공장이 돌아가지 않았다. 우리 의사들의 월급은 적었고 이마저도 한 달 이상 늦게 받게 되었다. 나는 세 자녀와 함께 혼자 남았는데, 막내아들은 겨우 3살이었다. 그때 나는 우울증 때문에 살고 싶지도 않았다. 하지만 내 아이들이 나를 다시 생활로 돌아오게 했다. 나는 아이들을 먹이고 입혀야 했다. 많은 의사가 의사 직업을 버리고 벼룩시장에 일하러 갔는데 그들은 거기에서 돈은 좀 벌었다. 하지만 나는 의사로 계속 남아있었다.

남편이 사망한 지 20년이 되었다. 딸은 결혼했다. 아버지 없이 자란 아들은 24살이다. 내 꿈은 내 아들 민벤환, 즉 민긍호의 증손자가 할아버지의 나라 한국의 대학교에서 공부하는 것이다. 대한민국 정부가 아들에게 그런 기회를 준다면 매우 감사할 것이다.

우리는 운명에 따라 고향에서 멀리 떨어져 카자흐스탄에서 살게 되었다. 카자흐스탄은 억압받은 많은 사람들의 두 번째 고향이 되었다. 현재 카자흐스탄에는 약 130개의 민족이 살고 있다. 우리들 모두는 민족의 풍습을 존중함으로써 친절한 가족처럼 살고 있다. 우리 고려인들은 부지런하고 겸손하다. 이런 성품으로 우리는 카자흐스탄에서 존중을 받고 있으며 과학자, 의사, 교사, 건축가로 유명하다.

우리는 카자흐스탄 한국인들을 카자흐식 농담으로 네 번째 친척이라고 한다. 2013년 9월에 나는 알마티 한국교육원 고려인 노인대학의 학생이 되었다. 우리는 여기서 한국 역사를 배우고 있다.

박 뿔리나

 나의 이름은 박 뿔리나이다. 나는 1950년 2월 26일에 카자흐스탄에서 태어났다. 우리 가족은 1937년 가을에 강제로 이주당한 고려인 중 한 가족이다. 외할아버지인 알렉산드르 리얀은 매우 일찍 돌아가셔서 외할머니가 자녀들을 혼자서 키우셨다고 한다. 할아버지인 박 그리고리는 삼촌과 함께 우즈베키스탄에서 살았다. 나는 할아버지가 돌아가신 이후에 태어나서 뵌 적은 없다.

 강제 이주는 우리 가족에게도 매우 힘들었다. 어머니는 큰언니를 임신했고 오빠는 1살이었다. 9월 13일에 기차가 크질오르다에 도착하자마자 큰언니가 태어났다. 부모님에게는 큰언니를 포함하여 일곱 자녀가 있었다. 두 아이는 어려서 사망했다. 부모님은 자녀들의 돌과 10살에 생일 기념식을 해주셨지만 평범한 가정이었던 우리에게 그 행사 사진은 없다. 하지만 자녀들이 돌잔치에서 무엇을 집었는지는 알고 있다. 나는 쌀을 선택했다. 부모님이 기뻐하면서 이제 배고프지 않을 것이라고 말씀하셨다고 한다

아버지 박 아파나시우스는 1912년생이다. 프리모르스키 크라이 지역에서 태어났고 하바롭스크 의학대학교 3학년을 졸업했다. 그리고 어머니와 결혼했다. 어머니 랸 에카테리나는 1916년생이다. 어머니는 의료노동자 대학교를 졸업하셨다. 두 분이 이주된 크질오르다 지역에는 의학대학교가 없었다. 그 때문에 아버지는 크질오르다 사범대학교에 들어가 생물학을 전공했다. 아버지는 대학교를 졸업하고 과학적인 연구에 매진하기 위해 남아있었다. 어머니는 바느질하고 집안일을 하며 자녀를 돌봤다.

나는 부모님이 직접 지은 집에서 태어났다. 아버지는 복권 추첨에서 큰돈에 당첨되었고 그 돈으로 큰 집을 지었다. 그리고 쌀을 사들이기도 했다. 자녀들은 잘 자랐다. 우리는 부모님에게서 요리하기, 빨래하기,

바느질하기, 그리기, 악기 연주하기 등 많은 것을 배웠다. 아버지는 플루트를 연주하고, 어머니는 노래를 잘 부르고 바느질과 화초 재배를 잘했다. 화초는 집에 온실이 있었던 외할머니에게서 전해졌다. 큰오빠와 언니는 음악학교에서 바이올린을 전공했다. 우리 집에는 항상 책이 많이 있었다. 아버지는 우리가 즐거워 읽는 모든 신문과 잡지를 등록하고 받아보았다. 또 가끔 우리 가족은 도서관에 가서 세계적인 작품과 소련의 고전을 읽으며 클래식 음악을 들었다. 부모님은 자녀들 모두가 고등교육을 받도록 했다. 나에게 가장 깊은 감동을 주었던 책은 생텍쥐페리의 《어린 왕자》이다. 나는 그 주인공을 지금까지 좋아한다. 노래방에서 친구들과 같이 불렀던 《어린 왕자》라는 노래도 기억한다.

내 남편인 블라디미르야 스니 꼬는 프로젝트 대학교에서 만났다. 우리는 공통점이 많았다. 동갑이었고 비틀스, 롤링 스톤즈의 노래를 좋아했고, 자연과 산을 좋아했다. 우리는 거의 매 주말을 산에서 보냈다. 산에서 약초, 열매, 버섯, 사과, 배, 살구, 자두를 채집했다. 산은 우리의 출구가 되었다. 키르기스스탄에 있는 이식쿨 호수에서 3년 동안 연속으로 산행했다. 그런 다음에 알프스 등산에 참여하게 되었다. 남편은 10회 등반했고, 나는 약 5천 미터 높이의 산을 등산했다. 나와 함께하던 남편은 2009년에 사망했다. 현재 내게는 2명의 언니와 오빠, 2명의 조카와 2명의 손자가 있다.

나는 지금 두 가지 직업을 가지고 있다. 출판사 교정자이자 자연과학 도서관의 사서이다. 1968년부터 1972년까지 크질오르다 지역에 있는 《레닌의 경로》라는 지역신문의 교정자로 일했다. 그와 동시에 레닌그라드 출판 및 인쇄대학에서 책과 잡지의 교정을 전공했다. 1973년에는 레닌그라드 문화대학교(현재 상트페테르부르크 문화와 예술대학교)를 졸업했다. '도서관과 자연과학 도서관의 문헌정보학'이라는 전공의 학위를 받았다. 또한, 민방위에서 예비 간호사 자격증을 받았고, 독일어 자격증도 받았다. 나는 노보시비르스크 과학 의학 도서관에 취직했다. 1979년에 우리 가족은 알마티로 이사했는데, 부모님께서 자녀들이 모두 곁에 머물길 바라서서 나도 이사를 하게 되었다. 나는 알마티의 여러 도서관에서 일했다. 그리고 과학연구대학교와 '가즈급로 컴뮤니스트 로이'라는 프로젝트 대학교의 과학기술정보부에서 12년 5개월 동안 근무했다. 레닌그라드, 카프카스, 키르기스스탄, 독일, 헝가리에 출장을 가곤 했다. 1994년부터 나는 출판 사업에서 일하고 있다. '비코'출판사에서 6년 이상 일했다. 2000년 이후 《법률신문》에서 교정자로 일하기도 했고, 《새로운 세대》, 《고려일보》, 《파트너》신문에서도 일했다. 2005년부터 현재까지 《파노라마》라는 신문에서 교정자로 근무하고 있다.

  나는 일을 좋아한다. 그것은 러시아어를 잘하고 많은 경험이 있기 때문이다. 그러나 그 지식만으로는 늘 나에게 부족하다. 그래서 나는 모국어와 영어를 배우고 싶다. 이렇게 하려면 공부를 더 많이 해야 할 것 같다. 카자흐스탄과 한국 간에 외교 관계가 수립된 후 우리는 한국 문화에 대해서 알 수 있게 되었다. 나는 남편과(그는 한국을 몹시 동경했

다) 많은 한국 관련 문화 행사에 참여했다. 하지만 내 직업과 부모님의 질병 때문에 한국교육원에 다니지 못했다. 그러다 직업과 집안일이 정리되었을 때, 나는 한국교육원에 다니기로 결심하고 고려인 노인대학에 들어왔다. 나는 이곳에서 내가 배우고 싶어 했던 한국어를 배우고, 고려인 친구들과 같이 시간을 보내는 것이 굉장히 즐겁다. 이제 우리는 한국어를 함께 배우고 한국 영화와 드라마를 같이 보고 노래방에서 한국 노래를 같이 부른다.

우리 고려인들의 자존심은 높은 수준의 교육과 겸손함, 놀라운 지식 습득 능력, 그리고 서로 돕는 태도에서 온다고 생각한다. 고려인은 나이 많은 연금 생활자마저 가만히 있지 않고 간단한 일을 한다. 우리 부모님은 마지막 날까지 일하셨다. 아버지는 직장에서 업무를 마치고 귀가 후에도 정원을 가꾸고 목공 일을 하시며 빗자루도 만들고, 슬리퍼를 꿰맸다. 어머니는 바느질하고, 자수를 하고, 꽃을 돌봤다. 집안이 항상 여러 색상의 온실과 같았다. 우리는 세계 여러 나라의 음식을 만들었고, 한국 음식을 만들었다. 우리 부모님은 이제 우리 곁에 없지만(어머니는 2002년에, 아버지는 2012년에 돌아가셨다) 우리는 지금도 집에서 한국 음식을 요리한다. 나의 취미는 등산, 사진 촬영, 뜨개질 그리고 요리이다.

나는 나의 후손들이 자신의 지식과 기술, 그리고 조상의 고향인 한국과 가까워지는 것을 원한다. 그래서 나는 내 자손들에게 이런 말을 전

한다.

"당신은 당신에게 한국인의 피가 흐른다는 점을 자랑스럽게 생각해야 한다."

나의 자손들이 조상을 존경하며, IT기술을 잘 알고 이 분야에서 세계 최고 수준인 조상의 나라 한국 배우기를 바란다. 우리 부모님과 조상들은 아마도 한국의 전통과 풍습을 잘 지키고 있는 후손들을 하늘에서 보고 기뻐하실 것이다.

서 게르만

나는 1936년 3월 3일에 태어났다. 나의 아버지 서 이그나티는 1912년에 블라디보스토크에서 태어나 공무원으로 일하셨다. 1937년 우리 가족은 카자흐스탄으로 강제로 이주당했다. 이주 초기에 살기가 너무 어려웠다. 먹을 것도 없고 집도 없고 할 수 있는 일도 없었다. 부모님은 일을 구하기 위하여 크질오르다로 갈 수밖에 없었다. 1941년 전쟁 당시 우리는 빵을 쿠폰으로만 먹을 수 있었다. 우리가 먹은 빵은 전선에 보내는 빵을 만들고 난 나머지 재료로 만들어졌다. 쿠폰을 잃어버린다는 것은 모든 가족이 굶어 죽는다는 것을 의미했다.

좀 더 나은 삶을 찾기 위해 부모님은 고려인들이 많이 살고 있는 우슈토베로 이사했다. 그곳에서 움막집을 짓고 아버지, 어머니와 형과 나, 네 식구가 함께 살았다. 나는 1944년 초등학교에 입학했다. 형은 1부 수업에 가고 나는 2부 수업에 갔다. 왜 그랬는가 하면 신발과 옷이 한 벌밖에 없었기 때문이었다. 1950년 부모님은 흙으로 벽돌을 만들어서 새로운 집을 지었다.

우리가 다니는 학교는 러시아학교였다. 한국말은 금지되었다. 초등

학교 다닐 때 가장 기억에 남는 일은 1951년 새해였다. 새해에 우리가 받은 선물은 버터가 발린 흰 빵 한 조각이었다. 나는 그 빵을 먹지 않고 집에 가서 나눠 먹었다.

1953년에 우리 가족은 우슈토베에서 알마티로 이사하였고, 아버지는 공무원으로 일하기 시작하셨다. 나는 1955년 학교를 졸업하고 소련군에 들어가게 되었다. 레닌그라드(현재 상트페테르부르크) 군사공업대학교에 입학했다. 1,500명 생도 중에 나만 고려인이었다. 나는 운동을 많이 했다. 복서였고 경기에도 자주 출전하였다. 1959년 대학교를 아주 우수한 성적으로 졸업했고, 우등생 중 한 명으로 선발되어 독일로 보내졌다. 1년 후 나는 콤소몰위원회의 비서로 선출되었다. 그 일은 생도와 군인을 교육하는 당의 일에 관한 것이었다. 그 후 나는 키예프로 보내졌다. 1967년 타슈켄트에 지진이 났을 때 무너진 건물을 재건하는 일로 타슈켄트로 출장을 갔다. 출장을 마치고 알마티로 돌아와 카자흐국립대학교에서 역사학을 전공하고 졸업했다.

카자흐스탄은 내 고향이다. 왜냐하면 여기에 우리 부모님과 친척들이 묻혀 있고, 내 자식들과 친구들이 살고 있기 때문이다. 물론 우리 조상의 나라이며 역사적 고향은 한국이지만, 한국은 멀리 떨어져 있고 자주 가보고 싶어도 경제적인 사정으로 자주 갈 수 없는 곳이다.

나는 1962년에 직장에서 은퇴했지만, 은퇴 후에도 운전학교, 교육부 일 등 다양한 곳에서 일을 했다. 나는 카자흐스탄 '노인회'의 주최자였다. 한국에 관한 모든 일에 관여하고 참가하였고, 알마티 한국교육원에서는 강사로 일하기도 했다. 또한 장교클럽의 회장이자 카자흐스탄 고려인 장로위원회의 일원이다. 내 아내는 김 베라이다. 딸이 한 명 있고 손녀가 두 명인데 손녀들은 캐나다에서 공부하고 캐나다에서 일하며 살고 있다.

서 엘레아노라 보레노보나

나의 이름은 서 엘레아노라 보레노보나이다. 나는 1954년 1월 30일에 태어났다. 아버지 서 보렌은 1923년 2월 23일생이고, 어머니 김차옥은 1925년 7월 19일생이다. 나는 학창시절 체조, 육상, 자전거타기 등의 운동을 했다. 그리고 바느질과 뜨개질을 좋아했다. 이 기술은 가족생활에 많은 도움을 주었다. 옷이 부족했을 때 나는 가족과 이웃에게 옷을 만들어주었다.

17살에 쉬꼴라를 졸업하고 유치원생을 가르치는 사범교육 고등학교에 진학하였다. 졸업 후 유치원 교사로 취직하여 수석 교사가 되었다. 21살에 결혼했지만, 공부를 계속하고 싶어서 러시아어 문학 교사 자격을 받는 사범대학교에 진학하여 졸업했다.

1992년 카자흐스탄 한인협회의 요청으로 유치원과 쉬꼴라(초중등통합학교)와 대학에서 한국어를 가르쳤다. 그때는 한국어 전문가나 한국어 교재나 교육 방법에 관한 책이 없었다. 그래서 우선 카자흐유치원과 학교에서 하는 수업 방법을 빌려서 주로 게임을 하는 방식으로 한국어교육을 했다. 한국노래와 한국 시, 한국 춤을 가르치고, 러시아 민속 이야기들인 순무(Репка), 맨션(Теремок), 딱지(Варежка) 따위를 한국어로 무대에 올려 발표하도록 했다. 한국어교육에 적극적으로 참여했다는 이유로 알마티 한국교육원으로부터 명예상을 받기도 했다. 또한 내가 일하는 대학과 카자흐스탄 한인협회와 알마티 문화센터로부터도 여러 번 상을 받았다.

나는 학생들을 가르치는 내 직업을 사랑한다. 나는 아이들을 무척 사랑한다. 카자흐스탄, 러시아, 우크라이나, 벨라루스, 체첸, 위구르, 그리고 다른 많은 민족의 아이들이 한국과 한국어와 한국 문화에 큰 관심을 보였다. 한국어를 가르치는 몇 년 동안 나는 첫 번째 수업에서 한국어를 읽을 수 있는 읽기 방법을 가르쳤다. 한글은 매우 간단하기 때문에 누구나 쉽게 배울 수 있다. 세종대왕이 한글을 제작한 덕분에 우리는 한국 민족에 대해서 많은 것을 쉽게 알 수 있게 되었다. 덴마크 소설가 한스 크리스티안 안데르센의 말에 빗대어 나는 이렇게 말한다.

"한국의 모든 사람은 시인이다."

세종대왕은 과학적인 문자인 한글을 만들었다. 한국 문학과 문화는 한글을 기초로 이루어진다. 세종대왕은 자연 악기인 인간의 음성 장치를 활용하여 한글을 창제했다. 하늘, 땅, 인간의 3개의 상징을 바탕으로 모음을 만들었다. 나는 이에 초점을 맞추어 나 나름대로 한국어교육 방법을 만들었다. 내 교육 방법은 읽기, 쓰기, 듣기, 말하기를 빨리 배우게 된다. 나는 언어뿐만 아니라 한국 문화, 한국 역사, 한국 전통 풍습과 한국 사람들의 행동 예절도 학생들에게 가르치고 있다. 한국 음식이라는 주제로 수업할 때는 학생들과 직접 김밥을 만들어보거나 한국인 식당인 서울식당에 학생들을 데리고 가서 밥을 사주기도 한다.

내가 첫 한국어 수업을 했을 때 나는 카자흐스탄 사범협회를 만들었다. 카자흐스탄 곳곳의 유치원이나 학교 선생님들은 우리 유치원으로 내 수업을 보러 왔다. 나는 몹시 긴장해서 걱정을 많이 했지만, 아이들은 나를 실망하게 하지 않고 나의 질문에 대답하면서 수업을 잘해서 칭찬을 많이 받았다. 그 후에 유치원뿐만 아니라 대학에서까지도 그런 수업을 진행했다.

2001년에 리스쿠로부 카자흐스탄 경제대학에서 했던 설날 행사가 기억난다. 그 행사에는 대한민국대사관 최승호 대사님, CPU의 교장인 신연선, 그리고 삼성·엘지·현대·대우와 같은 한국 대기업에서 오신 손님들, 고려극장의 사람들, 그리고 바우르잔 모미슐리라는 군사학교 50명의 군인, 틴달레라는 여성단체가 참석했다. 2시간 동안 한국어를 공부하는 학생들이 게스트로 참관했다. 그 행사에는 대한민국 대사와 대학교 총장이 참석했기 때문에 전체 프로그램은 한국어로 진행되었고 러시아어로 통역하였다. 나는 그 행사에서 한국 시를 읽고 대한민국의 전통의상인 한복을 입고 춤을 추며 한국노래를 불렀다. 행사 끝나고 많은 찬사와 칭찬을 들었다.

   나는 어느 학교나 대학에서 교사와 교수로 일할 때 한국어 교실을 항상 한국식으로 꾸몄다. 겨울방학 때 카자흐스탄 교육부 장관인 베르가님 아이티모바가 우리 대학을 방문하게 되었다. 우리 대학 총장님은 '한국어 교실'을 우리 대학에서 제일 좋은 교실로 선택하여 안내하였다. 안내받은 일행 중에는 원로원인 도스만베토브, 고르키트 아타 크즐오르다 대학교의 총장님도 함께 오셨다. 우리 교실과 학생들의 한국어 수업을 보시고 많은 칭찬을 하셨다고 하는 이야기를 전해 들었다.

   알마티 한국교육원에 고려인 노인대학이 만들어졌을 때 나는 모스크바에 있었는데 모스크바에서 돌아와 즉시 노인대학에 편입하여 노인대학 학생이 되었다. 1년 과정을 마치고 우리 졸업생들은 모국 방문을 하게 되어 꿈에도 그리던 조상의 나라 한국을 방문하는 행운을 맞게 되었다. 한국의 명소와 도시와 농촌을 골고루 방문하며 한국의 전통문화와 한국 음식과 한국 사람들과 만나는 시간을 가졌다. 황량한 황무지가 많은 카자흐스탄에서 살아온 우리에게는 한국은 천국처럼 아름다웠고, 우리가 만난 한국 사람들은 모두 천사처럼 우리를 대접하고 반갑게 맞아주어 얼마나 행복했는지 모른다. 우리는 감동했고 행복했고 눈물을 흘렸다. 이제 우리는 우리 조상의 나라, 영원한 모국인 한국을 잘 알게 되었다. 우리를 한국에 보내 준 한국교육원장님과 노인대학 교장님과 교수님들, 그리고 우리를 환영해 주신 한국의 모든 분께 감사드린

다. 이분들은 모두 조국을 잃어버리고 힘겹게 살아온 우리 고려인들에게 다른 어느 것과도 비교할 수 없는 힘과 용기를 주었고 이 땅에서 힘차게 살아갈 에너지를 주었다. 우리는 강제 이주로 큰 상처를 입고 고난을 받았지만, 이제부터는 자신을 잃어버리거나 낙심하지 않고 굳건하게 노력하며 살아갈 것이다.

서 펠릭스 알렉세예비치

나는 1951년 12월 4일에 카자흐스탄 크질오르다의 가르막친스키 지구 '3국제'라는 집단농장에서 태어났다. 그 농장은 1937년 고려인을 카자흐스탄으로 보내면서 생성되었으며, '모닝스타', '마음의 땅'과 '3국제'라는 3개의 고려인 집단농장으로 형성되었다. 1984년까지 47년 동안 소련에서 유명한 사회주의 노동 영웅인 전대학 회장이 감독했다. 전 회장이 죽자, 중앙 부동산에서 그의 흉상을 설치하고 농장 중심에 시신을 묻었다. 그 사람의 이름으로 문화의 집이 세워졌고 그 집은 오늘날에도 인기가 많은 곳이다. 농장에는 전대학 회장 외에도, 어린 시절에 같이 공부하고 자랐던 사회주의 노동 영웅 칭호를 받은 내 친구들의 무덤이 있다.

우리 가정은 마을의 외곽에 있는 두 가정을 위해 건축된 집에서 살았다. 우리 집에서 4km 거리에 할아버지와 할머니가 큰아들(나의 큰아버지) 가족과 함께 살았다. 나는 항상 할아버지를 키가 크고 늘씬하며 마지막 날까지 머리에 한국 모자를 쓰고 손에 지팡이를 들고 다니는 모습으로 기억한다. 그분은 꼼꼼하고 아주 공정했다. 할아버지는 우리에게 정원을 만들고 식물에 물을 뿌리는 방법, 그리고 동물에게 줄 밥(사료)을 만드는 방법을 가르쳤다. 어렸을 때 큰형이 자주 아팠기 때문에 할아버지는 많은 일을 나에게 알려주셨다. 나는 형과 달리 몸이 튼튼해서 나에게 맡겨진 모든 일을 열심히 하라고 일러주셨다. 일하다 쉬는 시간이 되면 할아버지는 작은 의자에 앉으셔서 우리가 무엇을 어떻게 배우고 있는지, 학교에서 무엇을 하는지 등을 자세히 물어보시곤 했다. 그리고 가끔 먼 고향 한국에 대해서 거기에 있었던 자신의 작은 집, 수많은 예쁜 꽃과 높은 산에 대한 추억을 이야기하셨다.

우리 집은 할아버지가 직접 지으셨다. 2개의 넓은 방과 객실과 복도로 구성되었다. 첫 번째 방에 가마솥과 구들이 있고 두 번째 방에는 침대 3개와 둥근 탁자가 있었다. 집에 들어가면 큰 복도가 나왔다. 나무 벤치에 배럴 둘이 있는데 100~120L 용량의 배럴 하나는 나무로, 또 하나는 철로 만들어졌으며, 그 옆에 7~8개의 양동이가 있었다. 어렸을 때 끊임없이 물을 길어왔는데, 누가 몇 통을 갖고 왔는지 세었던 기억이 난다. 물은 집에서 50m 거리에 있었던 우물에서 받아왔다. 겨울에는 물을 손수레 나무 썰매로, 여름에는 나무로 만든 작은 외바퀴 손수레를 이용해서 집으로 가지고 왔다. 식품 저장실에는 쌀, 밀가루, 콩, 완두콩, 옥수수를 보관하였다. 집 근처에는 2~2.5m 깊이의 지하실이 있었고, 지하실 위를 갈대와 흙으로 덮었기 때문에 저장한 음식들이 얼지 않았다. 우리는 겨울을 위해 감자와 당근, 무를 보관하였다. 또 호박을 많이 저장해 놓고 호박죽을 먹거나 돼지 밥을 만들었다. 또 다른 지하실에는 나무나 철로 된 배럴 3~4개가 있는데, 거기엔 김치, 소금에 절인 오이와 생선이 저장돼 있었다.

그 당시에는 낚시하는 것이 가정을 책임지는 중요한 일이었다. 특히 작물을 수확한 10월 중순 이후에 자주 낚시를 갔다. 물고기가 많이 잡히는 호수가 있었다. 먼저 경험이 풍부한 어부들이 많은 물고기가 어디에 있는지 알아본 다음에 각 가정이 어디에서 낚시할지를 정하고 그곳으로 갔다. 또한 당나귀가 어느 가정에 몇 마리가 있는지 물었다. 당나귀는 물고기 배럴을 가지고 오는 짐꾼으로 필요했다. 가정마다 물고기를 잡기 위해 '로바'라는 도구를 만들었다. 낚시터에 도착한 후에는 갈대를 깎거나 잘라서 도구를 만들었다. 사람들은 물고기가 깊은 데에서 헤엄을 칠 수 없도록 장치를 한 후 낚시를 시작했다. 아이들은 나무로 야구방망이와 비슷한 것을 만들고 놀았다. 여자들은 물가에서 물고기를 소금에 절여 통에 넣었다. 우리는 보통 이틀 동안(1박 2일) 낚시를 갔는데 그 기간은 우리에게 필요한 양의 물고기를 잡고, 그것을 상하지 않게 하는 데 충분한 시간이었다.

나의 아버지 서 알렉세이는 농장의 첫 번째 기사였다. 전대학 회장의 빠른 눈치와 능력으로 바이코누르 경비부대와 장기간 돼지고기를 납품하는 계약을 체결했다. 주변에는 무슬림 사람들만 살고 있어서 돼지고기를 찾을 수가 없었다. (무슬림 사람들은 돼지고기를 먹지 않음) 우리 농장에 큰 돼지 농가가 생긴 덕분에 우리는 지속적으로 신선한 돼지고

기를 먹을 수 있었다. 또한 군부대에, 계약에 따라 달걀, 닭고기, 쇠고기도 납품하기 시작했다. 그 부대는 GAZ-66이라는 화물차를 구입하였는데 우리 아버지가 그 화물차로 바이코누르까지 고기를 운반했다. 그 수익으로 나중에는 농장에서 유명한 문화의 집을 짓고 지역 센터를 운영했다.

 농장 노동자들은 일주일에 한 번, 상품과 제품을 받기 위하여 지역 센터에 갔다. 그때 가끔 아버지는 우리를 데리고 갔다. 우리는 아침 일찍 출발해서 3시간 정도 이동하여 오전 11시에 도착했다. 그 당시에 시르다리야강은 훨씬 넓었으며 다리가 없었기 때문에 나룻배로 강을 건넜다. 나룻배를 타는 게 우리에겐 새로운 즐거움이었다. 나는 항상 우리 농장을 부자 농장이라고 불렀다. 우리 농장은 다른 농장과 달리 곧은 거리, 동일한 집, 그리고 도랑이 있었고, 주민들이 나무를 심고 돌보았다. 광장과 공원, 큰 문화센터, 축구, 농구, 배구를 할 수 있는 큰 운동장, 높은 제방, 여름과 겨울 영화관이 있었다.

 아버지는 1962년 가을에 암에 걸려서 일찍 돌아가셨다. 아버지는 우리 농장에서 첫 번째 운전기사이자 훌륭한 사냥꾼이셨다. 그래서 아버지가 살아계시는 동안 항상 우리 집에는 멧돼지, 토끼, 꿩 등 고기가 있었다. 그때 농장 노동자들이 열심히 일을 하면 사냥총, 헝겊 조각, 알람시계 등을 상품으로 받을 수 있었다. 아버지가 돌아가신 후 우리 집에는 사냥 소총이 5개가 남았다.

여름이면 끝이 안 보이는 넓은 농장에 벼와 옥수수가 초록 바다를 이루는 광경이 아직도 눈에 선하게 기억 속에 남아 있다. 가을이 되면 6학년 학생들이 쌀을 수확하기 위하여 농장으로 동원되었다. 또 학생들은 옥수수를 수확하기 위해서도 동원되었다. 벼 베는 기간에는 20~25일 동안 학교에 가지 않았다. 일하고 하루에 50센트의 노동 대가를 받았다. 옥수수를 수확할 때는 수업 후에 3~4시간 동안 일을 하였다. 옥수수를 광장에 가지고 가서 그것을 깐 후에 담당자에게 건네주고 한 포대 당 5센트의 돈을 받았다. 우리는 집단농장을 위해 봉사하고 작은 도움이라도 줘서 무척 행복하다고 자랑스러워하였다. 부모님은 우리가 모은 돈을 우리가 하고 싶은 일에 쓸 수 있도록 허락해 주셨다. 우리는 그 돈으로 스케이트, 신발, 공을 샀다.

우리 학교에는 여러 운동동아리가 있었다. 나는 아주 어린 시절부터 축구를 잘했다. 게다가 농구와 배구도 했다. 그뿐만 아니라 모든 남학생이 권투와 육상을 했다. 11월 7일 소련의 제일 큰 명절인 '10월 혁명(October's Revolution) 기념일', 5월 1일 '국제노동자의 날', 그리고 5월 9일 '승리의 날'과 같은 큰 명절에는 농장과 우리 학교에서 농장 청소년 팀과 학교팀 사이에 축구, 배구, 농구, 줄다리기, 100m 달리기와 가방 들고 달리기 시합이 열렸다. 경기가 끝나면 각 농장에서 모은 물품과 돈, 스포츠 컵 등이 상으로 제공되었다.

또한 명절날에는 문화의 집에서 여러 가지 모임이나 공연이 개최되었다. 공연 마지막에는 모든 사람이 함께 춤을 추었다. 학교에서는 브라스 밴드 오케스트라가 만들어졌는데, 악기는 농장 돈으로 샀다. 나는 그 오케스트라에 7학년부터 가입했고, '테너'라는 악기를 쳤다. 이 오케스트라는 농장 사회와 정치에 적극적인 역할을 했다. 오케스트라는 농장의 모든 행사에 참여했다. 고위 관료의 회의에서 국가를 연주하고 모임이나 기념, 결혼식이나 다른 행사에서 연주했다. 나는 군대에 있는 동안이나 경찰서에서 공부하는 동안에도 오케스트라에 참여했다. 그러던 중 어느 추운 겨울에 오케스트라에서 연주하다가 심한 감기에 걸렸고, 만성 인후통에 시달리게 되었다. 지금도 큰 소리로 말하면 목이 너무 아파서 말할 수 없다.

학창 시절에 선생님들은 많은 책을 읽으라고 가르쳤다. 우리는 러시아와 소련의 고전, 세계적인 작가들의 시와 소설을 읽었다. 나는 특히 역사 소설에 제일 마음이 끌렸다. 아버지를 일찍 여읜 탓에 어린 나이 때부터 일을 스스로 해결하였다. 그래서 공정함과 정당한 몫에 관한 생각을 일찍부터 갖게 되었다. 나는 고등학교 때 운동하면서 학생들끼리 규칙을 안 지키는 것을 방지하기 위하여 공산청년동맹 자경단(OKOD)을 조직했다. 바로 그것은 나의 미래를 정했다. 나는 이 일로 10학년 때 지역 경찰서의 대령인 시즈디코프와의 대담에 초대되었다. 그분은 내가 군대에 다녀온 후에 나를 만나자고 하였다. 그것은 내게 큰 자랑거리였다.

학교를 졸업할 무렵 울야노브스크시에 있는 육군사관학교에 들어가기 위해 지원서를 썼다. 그러나 한 군인 직원의 실수로 울야노브스크시에 있는 탱크 학교로 보내졌다. 거기에서 군인들은 우리에게 대학교 입학시험 준비 대신 막사를 수리하고, 염색하는 일을 시켰다. 7월 초에는 여름 캠프장으로 갔다. 우리는 팀을 나누고 새로 온 군인을 우두머리로 정했다. 하지만 그때 군대에서 '데도브시나'라는 것이 생겼고, 그것은 군대에 새로 들어온 군인을 비웃거나 그의 소유물을 착취하는 것이었다. 그래서는 안 되는 일이었지만, 그것은 그 당시 군대의 문화였다. 이 일이 바깥세상에 알려지자 200명 이상의 지원자가 입학을 포기하는 이유가 됐다. 이 일로 군인들은 벌을 받게 되었다. 우리는 군대에서 쫓겨나 7월 말에 집으로 보내졌다.

마을에 도착한 지 두 달 후인 1969년 10월부터 1971년 11월까지는 모병(募兵) 기간이었다. 나는 알마티시에 있는 MIA군사학교를 찾아가서 거기에 들어가기 위한 조건과 방법을 알아봤다. 나는 농장 빌더에 근무하면서 입학시험을 준비하였고, 1972년 8월에 알마티 MIA학교에 들어갔다. 이 학교를 졸업한 후에 크즐오르다의 내무부에서 일했다. 나는 25년을 근무하는 동안 모든 내무부 업무 일을 익혔다.

나는 내가 일하는 사무실에서 동일한 관리로 일을 하는 내 미래의 아내가 될 한 스베틀라나 막시모브나를 만났다. 내무부 여자 직원 중 한국 민족(고려인)은 단 한 사람 스베틀라나였다. 우리는 1년 5개월 동안 교제하다가 1976년 12월에 결혼했다. 결혼식 4개월 후에 아내와 나는 휴가와 2개월 분량의 월급을 받고 크림반도로 신혼여행을 떠났다. 신혼여행은 매우 사랑스럽고 행복한 시간으로 기억한다. 결혼 후 우리는 매우 검소하게 살았으며 방 하나에 야외 화장실이 있는 집에 살았다. 집이 작은 것이 우리의 삶을 어둡게 하지는 않았다. 우리는 행복한 미래가 만들어질 것이라 믿었다. 신혼여행에서 모스크바로 돌아올 때는 주머니에 1루블조차 없었다. 기차를 타고 크즐오르다에 밤 2시쯤 도착했는데, 돈이 없어서 경찰서에 전화해서 집으로 들어왔다. 1978년 봄 딸이 태어난 후 우리는 작은 방이 둘 있는 아파트로 이사했다. 우리는 평범하게 살았으며 나중에 침실 가구 일체와 딸을 위한 피아노, 카펫 등을 사들였다.

근무하는 것은 매우 힘들었지만, 그 어려움을 극복하려고 열심히 노력했다. 내가 직장에 처음 갔을 때 어떤 일을 감독하게 되었다. 그때 같이 일했던 동료는 나에게 "카자흐어를 아니?"라고 물었다. 나는 카자흐어로 "응"이라고 대답했다. 놀란 동료는 한국말을 하는지도 물었다. 내가 한국말로 대답하자, 동료 직원은 나의 상관에게 이야기했다.

"이 친구는 고려 사람인데 러시아어도, 카자흐어도 할 수 있습니다."

업무를 맡아서 일하는 동안에는 명절에도 쉬지 않고 계속 일을 해야 했다. 명절 때에는 술을 마시는 것이 금지되었는데 다행히 나는 술을 잘 마시지 않는 편이었다. 나는 일을 하느라 집안의 어떤 행사에도 참여할 수 없었지만, 아내는 아이들과 함께 명절이나 기념일, 집안 행사 등에 꼭 참석했다. 사람들은 내 아내를 '미망인'이라고 불렀다. 내가 얼마나 일만 했으면 사람들이 그렇게 불렀을까. 하지만 나는 직장에서 열심히 일한 것을 후회하지는 않는다.

왜 우리 고려인들이 모국어와 문화를 잊기 시작했을까. 카자흐스탄, 우즈베키스탄, 키르기스스탄, 러시아, 그리고 그 외의 여러 공화국에 얼마나 많은 고려인이 있는가. 하지만 한국어로 교육이 이루어지는 학교가 없었다. 기업이나 금융기관이 모든 문서 및 지침에서 러시아어를 사용했기 때문에 고려인들은 그 언어를 배울 수밖에 없었다. 그러다가 결국 모국어와 전통문화를 잊어버리기 시작했다.

살면서 친척들이 모일 때마다 이 질문이 떠오른다.

'우리는 모두 한국인인데 왜 모국어로 말할 수 없을까? 왜 우리가 우리 민족의 풍부한 역사와 문화, 전통을 잊어버리고 조상과 한국 그리고 한국어에 대해서 아무것도 모를까? 앞으로 우리 자녀와 손자에게는 무엇을 가르쳐야 할까?'

언젠가는 이 질문에 정확한 답이 나올 거로 생각한다. 우리는 다른 도시에 살고 있는 다른 고려인들보다 조금은 운이 더 좋았다고 생각한다. 왜냐하면 이곳에는 알마티 한국교육원이 있기 때문이다. 우리는 이곳에서 처음으로 나 자신을 대한민국 국민이라고 느꼈다. 교육원에서 대한민국에 있는 꽃들과 그 꽃의 향기를 느껴본 후에 눈뿐만 아니라 마음까지 열었다. 할아버지와 다른 친척들이 아주 그리웠다. 교육원에서 우리의 글과 아름다운 말을, 그리고 전통의상과 신기한 젓가락으로 밥 먹는 방법을 배웠다. 그리고 얼마 전에 나의 꿈이 이루어졌다. 백 번 듣는 것보다 한 번 보는 것이 좋다는 말이 있듯이 한국을 직접 눈으로 보고 체험하는 시간을 가지게 된 것이다. 2013년 5월 모국 방문의 기회가 왔다. 한국의 도시와 농촌, 산과 바다, 옛 궁궐과 국회의사당 등 모국의 이모저모를 보고 많은 것을 깨닫게 되었다. 이제 고향이 무엇인지를 깨달았다.

우리는 알마티 한국교육원 원장님과 교수님들 덕분에 한국과 한국어를 배우고, 눈으로 보고 모국을 더 가깝게 느끼게 되었다. 우리는 교수님들에게 배웠던 지식과 한국 여행을 통해 보고 듣고 느낀 것들을 러시아, 우즈베키스탄, 키르기스스탄 그리고 카자흐스탄의 다른 지역-쉼켄트, 크질오르다, 타라즈, 카라간다-에 살고 있는 고려인들에게 알려줄 것이다. 이제는 그 사람들도 한국에 대해서 알게 될 것이다. 이제 나는 자녀와 손자, 그리고 나와 고향이 같은 젊은 사람들에게 무슨 말을 해야 할지를 잘 알게 되었다.

신 이리나 자하로브나

나는 1950년 5월 17일에 하얼빈에서 태어났다. 우리 조상은 평산 출신으로 평산 신 씨이다. 1860년대에 이주한 최초의 고려인 정착민들처럼 나의 증조부는 조선에서 일찍 러시아 땅으로 이주하였다. 러시아에서 세례를 받고 세묜(시몬)이라는 이름을 가지게 되었다. 1875년 10월 신 세묜에게 아들이 태어났다. 바로 나의 할아버지시다. 할아버지 이름은 신 세묜 세묘노비치인데 1875년 10월 28일에 태어나서서 1946년 8월 19일에 생을 마감하였다. 할아버지가 태어나신 곳은 알 수 없지만 1880년대 중반에 그의 부모님과 함께 러시아의 프리모르스키주 우수리스키 지역 치힌읍의 니즈네에 얀치헤(현재 추카노보)에서 살았다.

그때 당시에도 지금처럼 대부분의 고려인은 교육의 중요성을 알고 자녀들을 학교에 넣어 교육했다. 처음에 다닌 학교는 교회에 속한 학교였다. 학교에서는 아이들에게 하나님의 율법, 구약, 성모기도, 서법, 산수 그리고 언어를 가르쳤다. 한국어와 함께 러시아어도 가르쳤다. 어떤 학교들은 작았지만, 얀치헤 학교는 좋은 자원과 뛰어난 교원으로 유명했다. 이 학교는 이 지역에서 뛰어난 모델 학교로 지정되어 러시아 왕위 계승자인 니콜라이 황태자가 방문하기도 했다. 이에 따라 나중에 학교의 이름이 니콜라에브스카야로 변경되었다.

나의 할아버지 세문은 이 학교를 다녔다. 그는 학교를 마치고 교사로 일하기 위하여 노보키옙스코에 마을에 있는 교육부의 공립학교에서 2년 동안 교육을 받고 이 학교의 교사로 근무했다. 한 달에 17루블을 받았고, 난방과 조명이 되는 집을 제공받았다. 그에게는 3부로 나누어진 18명의 학생을 맡았다. 1893년 티진헤 마을위원회는 학교를 방문하여 그 학교의 공부 상태와 좋은 교육환경에 대해 언급하기도 하였다.

나의 조부모님에게는 다섯 명의 아이가 있었다고 들었는데 지금 내

가 기억하는 것은 3명이다. 첫째 아들 알렉산드르, 둘째 아들 자하르, 막내딸 율리야이다. 이들 중 둘째 아들 자하르가 나의 아버지다. 나의 아버지는 우수리스키 지방 포시에쯔스키군(현재 하산스키군) 노보키옙스코에 마을에서 태어났다.

 1916년 3월, 철도청 직원인 할아버지는 철도의 건설을 위하여 온 가족과 함께 하바롭스크 지방 블라디미로프카라는 마을에서 중국의 하얼빈으로 이사했다. 학교 교사로 일하고 1925년 60세에 퇴직을 하셨다. 퇴직할 당시 양호한 금전 보상을 받았고, 자기 집을 짓고 경작할 수 있는 토지도 보상받았다. 할아버지가 돌아가시고 큰아버지 가족과 우리 가족이 함께 살았다. 아버지는 열렬한 사냥꾼이자 낚시꾼이었으며 하얼빈의 사냥꾼협회 회원이었다. 아버지는 가을에 거위 사냥을 좋아했는데, 어머니 말로는 아버지가 70마리 이상의 거위를 잡아 신문에 나오기도 했다고 한다.

 아버지 형제는 학교를 마친 다음 영어 상업학교에서 교육을 받고 할아버지의 도움을 받아 악기 제작소를 만들었다. 거기서는 여러 악기를 만들고 수리하기도 했다. 나는 아버지가 제작소에서 바얀, 아코디언, 트럼펫, 클라리넷, 플루트, 프렌치 호른, 발랄라이카, 만돌린, 기타, 콘트라베이스, 첼로, 바이올린 등의 악기를 본인의 손으로 수리하는 것을 보고 자랐다. 어떤 악기들은 아버지가 직접 손으로 만들기도 하였다. 아버지는 내가 상상할 수 없을 정도로 어려운 공식과 수학적인 산정 수

치가 있는 여러 가지 도표와 그림 및 도면들을 가지고 정확하게 자르고 유약을 바르고 하였다. 아버지는 자기 손으로 만든 모든 악기에 자신의 도장을 찍었다. 도장은 매끄럽고 깔끔해서 내 마음에 들었다.

  나의 어머니 신 예까떼리나 이바노브나는 1922년 평안북도 선정군 심정면에서 건장한 농부의 막내딸로 태어났다. 위로 오빠만 6명이다. 막내라 부모님의 사랑을 많이 받았다. 어머니는 초등 6학년까지 학교 다녔다. 그 당시는 여자들이 상급학교에 진학하지 않고 집안일을 돕다가 시집가는 것이 일반적이었다. 하지만 어머니는 공부를 아주 잘했고 노래 실력이 뛰어났다. 학교 음악 선생님이 서울에 가서 공부할 것을 추천했는데, 외동딸을 먼 곳으로 보내는 것이 걱정되어서 보내지 않았다. 내 기억으로는 어머니는 평생 음악을 좋아했고, 집안일할 때 혼자서 노래를 흥얼거리며 일하는 모습을 자주 보았다.

  나에겐 7명의 형제자매가 있다. 이들 중 나를 포함 6명은 중국 하얼빈에서 태어났고, 하얼빈에 있는 소련 총영사관을 통하여 소련 국적을 취득하여 소련 국민이 되었다. 1956년 아버지는 경작할 땅이 있다고 해서 온 가족을 데리고 중국에서 소련으로 들어갔다. 화장실도 없는 낡은 기차를 타고 긴 시간을 이동했다. 우리 가족은 크라스노야르스크 지방 아친스크의 국영 집단농장에 도착했다. 그곳에서 겨울을 보냈다. 집단농장은 아버지가 일할 곳이 못 된다는 사실을 안 아버지는 크라스노야르스크시 음악학교에 마스터 카스타로 취직했다. 국영 집단농장에 있는 가게에는 빵과 보드카 외의 식품은 거의 없었기 때문에 일주일에 한 번 기차로 여러 식품이 배송되었다. 집에 먹을 것이 없어서 아이들이 굶는 것을 면하기 위해 어머니는 자신의 옷과 이웃집 음식을 교환하였다. 나는 고기는 없고 비게 만 있는 국의 맛을 아직도 기억하고 있다.

 러시아에서 우리를 생각해 주는 사람은 없었다. 우리 가족은 시청이나 직장으로부터 집을 제공받지 못하고, 25㎡의 작은 집에서 아홉 식구가 살았다. 아버지는 가족을 부양하기 위해 음악학교와 크라스노야르스크 음악당 두 군데서 일하셨다. 아버지의 기술과 능력에 비해 월급은 너무 적었다. 그렇지만 아버지는 성실하게 일하셨고, 수입을 늘리기 위해 지방 남쪽부터 북쪽까지 출장을 다니며 일을 했다. 1961년 우리는 방이 3개 있는 꽤 고급인 주택을 얻게 되었다.

 아버지는 항상 일하시느라 바빴고, 어머니는 집안일하면서 스스로 러시아어를 배웠다. 그리고 우리가 살고 있는 동네에 고려인 가족이 이사를 와서 어머니는 그분들과 한국말로 대화를 할 수 있었다. 나중에 우리가 커서 다른 도시에 떨어져 살게 되었을 때는, 어머니는 우리가 러시아어로 써 보낸 편지를 읽고 자신도 러시아어로 편지를 쓸 수 있게 되었다. 우리는 집에서는 러시아어로 말했는데, 어머니가 우리에게 한국말로 말해도 우리는 러시아어로 말하는 것이 더 편해서 러시아어로 대답했다. 우리 형제들은 모두 음악학교를 다녔다. 음악학교 1학년 때 아버지는 시간을 내서 우리의 음악 공부를 도와주셨다. 나이가 들면서 나는 우리 아버지가 얼마나 훌륭한 아버지며 남편이었다는 것을 깨달았다.

내가 5학년일 때 나는 어린이 도서관에 회원 가입을 했고 8학년 이후에는 어른 도서관 회원이 되었다. 도서관에서 많은 책을 빌려다 읽었다. 너무 책을 많이 빌려다 읽어서 나중에는 부모님이 걱정할 정도였다. 하지만 책을 많이 읽은 것이 내 공부와 인생에 큰 도움이 되었다고 생각한다.

1967년도에 난 쉬콜라를 졸업하고 노보시비르스크 국립대학교 부속 크라스노야르 생물화학고에 입학하였다. 우리 언니 둘은 결혼해서 각자 자기 삶의 지역으로 떠나갔다. 아버지와 어머니는 남은 자식들과 함께 우즈베키스탄 나만가시로 이사를 했다. 거기서도 아버지는 음악학교에서 음악 연주자로 근무했고, 자기 일과 수세공을 자기 아들 표토르에게 가르쳤다. 나는 1972년에 크라스노야르 국립대학교를 졸업한 후 거기에서 1년 동안 생물학 및 화학 교사로 일했다. 이듬해 알마티로 이사해서 소련의 카즈파스 글라브립보드에서 양어하는 기술자로 근무했다. 근무 중 나는 소련 전 지역에 출장을 다니면서 물고기와 비싼 물고기알을 가져와 카자흐스탄 저수지에 넣어 환경 순응을 위한 연구를 하게 되었다. 그다음에는 카자흐 양어 관리 어업관리부에서, 다음에는 카자흐스탄 어업부에, 그다음에는 환경부로 자리를 옮겼다. 내 주된 일은 카자흐스탄 어업 재단 모니터링 및 합리적인 사용, 물고기와 자연을 위한 일, 그리고 중재에 관한 일이었다.

1993년도 환경부가 다른 도시로 배치되면서 나는 직장을 그만두고 '오네라' 제작소에 취직하였다. 나는 그곳에서 태피스트리(여러 가지 색실로 그림을 짜 넣은 직물) 만드는 법을 배웠다. 동시에 '유스코'라는 한국인 회사에서 하루 3시간씩 아르바이트를 하기 시작했다. 두 회사 사이의 거리가 가까웠기 때문에 두 가지의 일을 할 수 있었다. 태피스트리 만드는 법을 다 익혔고, 유스코 회사의 일이 익숙할 즈음 오네라 사장님이 러시아로 떠났고, 무엇보다도 어머니가 갑자기 돌아가시는 바람에 나는 더 이상 유스코에서 일할 수 없게 되었다. 그러나 유스코에서 일했던 것이 내 인생에 많은 도움이 되었다.

지금 나는 직장을 은퇴하고 주로 가족과 나 자신을 위해 살고 있다. 나는 1980년에 결혼했다. 나의 남편 볼로신 알렉산드르 이바노비치는 우크라이나 사람이다. 1951년 6월 15일생으로 나와 결혼하여 알마티에서 함께 살고 있다. 우리에게는 아들 2명이 있다. 큰아들 얀은 1981년생이고 작은아들 자하르는 1983년생이다. 큰아들은 결혼해서 딸 알리사(나의 손녀)를 얻었다. 남편과 아들, 며느리, 손녀들 모두가 건강하고 즐겁게 사는 것이 내겐 큰 축복이고 행복이다.

심 타마라 니콜라예브나

　내 이름은 심 타마라 니콜라예브나이다. 나의 증조할아버지는 북한 평양에서 사셨고 위원회에서 일하셨다. 일본이 한국을 강제 합병했을 때 일본 순경들이 증조할아버지를 체포해 갔다. 증조할아버지가 집에 안 돌아오셔서 할아버지는 무슨 일인지 알아보려고 위원회에 가셨다. 위원회에서는 일본 순경들이 끌고 갔다고 했고, 할아버지는 왜 자신의 아버지를 체포했는지 알아보러 경찰서로 갔다. 일본 순경들은 아무 말도 해주지 않고 할아버지를 쫓아냈으며 심지어 때리려고 했다. 할아버지는 그런 불손한 행동을 참지 못하시는 성격이었다. 할아버지는 복수를 결심하고 그 일본 순경을 죽이고 도망을 치셨다. 일본의 순경들이 할아버지를 찾으려고 2~3명씩 조를 짜서 온 도시를 수배했다. 경찰서에서는 할아버지를 잡아 넘기면 포상한다는 수배 전단을 곳곳에 붙였다. 어느 날 어떤 사람이 와서 오늘 밤 일본인들이 할아버지를 잡으러 올 것이라고 일러주었다. 할아버지는 큰아들과 둘째 아들은 집에 남겨두고 아내와 어린 세 아이를 데리고 먹을 것을 조금 챙겨서 중국으로 피신했다.

발길은 아주 멀고 깊은 산골에서 멈추었고 할아버지는 중국 사람의 땅을 빌려 농사를 지었다. 수확의 일정량을 가을 추수 후에 갚기로 했다. 할아버지는 정성을 다해 농사를 지었고 중국 사람들보다 많이 수확하여 약속한 만큼의 곡식을 땅 주인에게 넘겨주었다. 얼마 후 주인이 와서 곡식을 더 달라고 요구하기 시작해서 말싸움이 시작됐고 몸싸움으로 이어져, 화가 난 할아버지는 중국인의 땋은 머리를 잡아 뜯어버렸다. 늦가을이었고 눈이 내렸다. 그날 밤 가족들은 산으로 피신했다. 아침이 되자 중국의 백부장이 말을 타고 시골 전체를 수색했다. 할아버지의 가족은 중국을 떠나 러시아로 향했다. 안뿐도라는 촌락으로 가서 땅을 빌려 경작하고 그곳에 정착했다. 할아버지의 자녀들은 성장하여 스

스로 일할 수 있는 나이가 되었다. 나의 아버지는 형제 중 셋째였다. 아버지의 성함은 박남수이다. 천현수와 결혼을 하여 큰아들 안드레이, 둘째 이센, 딸 옥순을 낳았다. 옥순은 어려서부터 잔병치레가 많았고 곧 어린 나이로 세상을 떠났다. 1934년 지방 도시인 블라디미르 알렉산드롭스코예로 이사했다.

　3년 후 1937년, 이 지역에 사는 조선에서 온 모든 고려인은 중앙아시아로 강제 이주를 당했다. 우즈베키스탄에 들어온 할아버지 가족은 양봉업을 하는 집단농장에서 살았다. 깔리니나 집단농장에는 할아버지 가족만이 고려인 가족이었다. 다른 고려인 가족은 나린강 옆 우츠구르간 지역 근방에서 살았다. 그곳에는 러시아어 학교도 있었는데, 집단농장에서 5km 떨어져 있었다. 다른 고려인 가족들이 한국에 살고 있는 친족에게 편지를 보내려고 우리 아버지에게 찾아와 편지에 쓸 내용을 말하면 아버지가 받아 적어 주었다. 그리고 그들이 답장을 받았을 때 다시 우리 집으로 편지를 가져와 아버지에게 보여주었고 아버지는 편지를 읽어주었다. 그들은 한국어를 잘 몰랐기 때문이었다. 아버지는 정기적으로 북한의 신문을 받아보셨다. 세계와 한반도의 각종 사건과 뉴스에 대해 읽으시고 이야기해 주셨다. 아이의 돌잔치나 다른 기념일과 같은 행사가 고려인 가정에서 있을 때 아버지를 초청했다. 아버지는 글도 잘 읽고 말도 잘하시는 능벼가였고, 많은 고려인에게 존경을 받으셨다. 아버지는 고려인에게 한국어의 기초를 가르치셨다.

나는 1946년 12월 27일 우즈베키스탄의 레닌스크 지방에서 태어났다. 어머니는 나를 누구의 도움도 없이 혼자 낳으시고 탯줄도 혼자 자르셨다고 하셨다. 해산할 때 어머니 곁에는 아무도 없었다고 한다. 나는 우츠크르간 지역에서 6학년까지 러시아 학교를 다녔다. 처음에는 큰오빠가 학교까지 자전거로 데려다주었고 조금 큰 후에는 혼자 걸어서 다녔다. 가끔 착한 우즈베키스탄 사람이 마차를 태워주기도 했다. 집에서 학교까지는 5km 정도 떨어져 있었다. 큰오빠 안드레이는 우즈베크어를 잘했다. 그는 페르가나시에서 사범전문학교를 졸업하고 교사가 되어 수학과 물리를 가르쳤다. 둘째 오빠 이센은 공부를 잘해서 학교 졸업식에서 금메달을 받았다. 학교는 그에게 레닌그라드대학교를 시험 없이 입학할 수 있는 초청장을 주었다. 그래서 둘째 오빠는 레닌그라드대학교에 쉽게 입학했고, 졸업 후 레닌그라드 대학교의 수학 교수가 되었다. 오빠는 결혼하여 올가라는 딸을 낳았다. 그 딸은 성장하여 결혼했는데 사위 역시 레닌그라드대학교 수학과 부교수이다. 오빠네 가족은 모두 레닌그라드에 살고 있다. 레닌그라드의 현재 이름은 상트 페테르부르크이다.

나는 공부를 잘해야 했다. 선생님들은 항상 나에게 오빠가 공부를 잘했던 것을 상기시켰다. 1960년 6학년을 마치고 우리 가족은 쿠이비셉스카야주의 부자예프카 마을로 이사했는데, 그곳에서 9학년을 마치고 쿠이비세프시로 이사했다. 나는 그곳 에너지기술대학교에 진학했다. 대학교를 졸업 후에는 극동지방의 블라디보스토크로 일하러 갔다. 나의 전공은 지질 측정이었다. 나는 난방회사에 들어갔고 설치 기사가 되어 일했다. 부모님은 내가 집을 떠나 먼 곳에 혼자 가서 사는 것을 매우 걱정하셨다. 블라디보스토크는 부모님 제2의 고향이다. 부모님은 이곳으로 돌아가기를 갈망했다. 그리고 마지막 목표는 조상의 영원한 고향인 한반도로 가는 것이었다.

아버지는 공산주의 이념을 가지고 사셨다. 한반도가 통일되지 못하는 것은 미국 때문이라고 생각했다. 내가 블라디보스토크에서 일할 때 부모님이 한 번 오셨었다. 그때 나는 강제 이주 전에 부모님이 사셨던 블라디미르 알렉산드롭스코에로 모시고 갔다. 그곳은 부모님이 알아보기 힘들 정도로 변해 있었다. 길을 걸어가면서 고려인들이 살았던 곳을 발견했다. 그 집에 살던 고려인들을 내보내고 불도저로 건물을 다 부쉈다고 집주인이 말해주었다. 부모님은 말도 못 하시고 옛날을 회상하며 생각에 잠기셨다. 부모님은 우수리스크시에서 외할머니의 가족들을 만났다. 그 후에 부모님은 레닌그라드 주변에 작은 집을 구하여 사시다가 아버지는 1991년 12월 16일에 향년 96세를 일기로 별세하셨고, 어머니는 1997년에 생을 마치시고 아버지의 옆에 묻히셨다.

나는 1972년 8월에 결혼했다. 남편은 블라디보스토크 의대를 1972년 졸업하고 소비에트연방 도시인 투바주로 일하러 가야 했다. 우리는 결혼식을 올리고서 바로 그 도시로 갔다. 남편은 병원에서 의사로 근무했는데 병원에는 전문 의사가 부족해서 외과, 내과, 산부인과와 응급실에서도 일했다. 3년 동안 많은 의료 경험을 쌓았다. 나는 건축회사 생산기술부의 기술자로 일했다. 그곳에서 우리는 두 아들을 낳았다. 아이들을 낳기 전에 시어머니를 모셔 왔다. 시어머님은 아기들을 잘 돌보셨고, 나는 시어머니로부터 많은 것을 배웠고 우리는 행복하게 살았다. 시어머니는 1995년에 돌아가셨다. 1941년부터 1945년까지의 2차 세계대전에 젊은이들은 전쟁에 동원되었다. 시아버지는 강제 이주 이전에 체포되어 북쪽으로 보내졌던 상태였다. 시어머니는 움막에 살면서 6명의 자식을 어떻게든 먹여 살려야 했다. 그녀는 논에서 이삭을 주어다 끼니를 해결해야 했다. 그런데 누군가가 시어머니가 곡식을 훔쳐 갔다고 신고했고 시어머니는 체포되어 카라간다의 수용소로 보내졌다. 6명의 자식을 남겨두고 수용소로 가야만 하는 마음을 상상이나 할 수 있을까. 카라간다의 수용소에서 시어머니는 항상 아이들 생각을 했다. 그러던 중 그녀는 수용소장에게 자식들에 대한 사정을 말했고 기적적으로 풀려나게 되었다. 시어머니는 1년 후에 아이들이 있는 움막으로 돌아왔다.

우리는 1975년 8월에 투란시에서 카자흐스탄 알마티로 이사를 왔고, 두 아들을 낳았다. 알마티에서 삶은 편안하지 않았다. 승진도 어려웠고, 불공평한 일도 많았다. 많은 시련에도 우리 고려인은 성실함을 보여줬다. 강제 이주의 고난 속에서도 삶의 방향을 찾아 나갔고 부모들은 자식들의 장래를 위해 자녀 교육에 정성을 다했고 힘든 일도 마다하지 않았다. 그래서 고려인은 이 나라에서 살아남았고 성공했고 잘사는 민족으로 존경을 받는 위치에 올랐다. 모든 것은 하나님의 은혜요 덕분이다. 이제 우리는 우리 조상의 뿌리를 알기 위해 한국 역사를 기억해야 하며 한국어를 배워 자손들에게 전해주어야 한다. 또한 다민족 사회 속에서 사는 우리는 카자흐스탄에 사는 다른 민족도 존중하고 함께 잘 살도록 노력해야 한다.

염 니나 테렌티예브나

나는 염 니나 테렌티예브나이다. 결혼하기 전의 성은 '현'인데 결혼하여 남편의 성을 쓰고 있다. 나는 1934년 5월 25일에 프리모르스키 크라이 지역의 한카이스키 구역 가멘 리블로브 마을에서 태어났다.

할아버지와 할머니는 내가 태어나기 전에 세상을 떠나셨다. 아버지 현 테렌티 니콜라예비치는 1909년생으로 러시아에서 태어났다. 아버지는 안그렌(우즈베키스탄 광산마을), 우르겐치, 호레즘 지역에서 일하셨다. 또한 한카이스키 구역에 있는 기계와 트랙터 역(MTC)에서 회계사로 근무했다. 마을은 국가경기장 근처에 있었고, 한마을에 사는 젊은이들과 우리 아버지는 국가경기장을 보호하는 데 적극적으로 참여했다. 그곳에는 취주악대가 있었으며 아버지는 1번 나팔수로 활동했다. 1964년에는 알마티에 있는 공장에서 주요 회계사로 근무하셨고, 1970년에 돌아가셨다. 어머니 헨(현) 류보브 게오르기예브나(결혼 전 이름은 강순이)는 1913년 3월 5일에 한국에서 태어났다. 아버지가 돌아가신 후 어머니는 알마티 오페라와 발레 극장에서 사장으로 근무했다. 현재 어머니는 내가 모시고 사는데 2015년에 나와 오빠와 동생은 어머니

의 100세 기념행사를 했다. 큰오빠 헨 레브 테렌티예비치는 1931년생으로 물리학 교사이다. 남동생 헨 루슬란 테렌티예비치는 1935년생으로 알마티 국가경제대학과 외국어대학교를 졸업했다.

나는 우즈베키스탄 광산마을인 안그렌에 있는 초등학교에 입학하여 1952년 타슈켄트에 있는 학교를 졸업하고, 모스크바로 대학을 가려고 했지만, 여권에 '우즈벡 소련에서 거주할 권리'라고 표시되어 있었기 때문에 우즈베키스탄을 떠날 수가 없었다. 거주이전의 자유가 제한되어 있었다. 그래서 나는 타슈켄트 외국어대학교에 진학하여 졸업했다.

1955년에 나와 같은 대학을 졸업한 염 니콜라이 블라디미로비치와 결혼했다. 그는 프리모르스키 크라이의 니콜스크 우수리스크시에서

1931년에 태어났다. 그의 아버지(나의 시아버지) 염 힌체르는 1905년 생으로 한국의 단천 출신이다. 1932년에 시아버지는 반일 독립운동에 참여했다. 이 때문에 그는 일본 군인들의 박해를 피하기 위해 중국 욘덴으로 건너갔다. 1933년 1월 30일에 어머니와 아내를 데리고 소련영토인 니콜스크 우수리스크로 떠났다. 거기서 그는 학교의 수학 선생으로 근무했다. 그러나 1933년 12월 9월 체포되어 감옥에 가게 되었다. 1960년 스탈린이 사망한 이후에야 감옥에서 나오게 되었다.

나에게는 자녀 2명이 있다. 아들 염 세르게이 니콜라에비치는 1956년생이고 쉼켄트에 있는 화학기술대학교를 졸업했다. 1964년생인 딸 염 갈리나 니콜라에브나는 프레하놉 모스크바 국민경제대학교를 나왔다. 내게는 손주가 3명이다. 손녀 염 나탈리야 세르게에브나는 1990년생이고 캐나다 윈저대학교를 졸업했다. 손자 염 올렉 세르게에비치는 1992년생으로 알마티에 있는 키멥대학교 재학생이다. 또 다른 손자인 김 바짐이고레비치는 1993년생으로 영국에 있는 켄트대학교 대학생이다.

나는 17년 동안 쉼켄트에 있는 31번 전문학교에서 외국어교사로 근무했다. 나는 학교에서 교육적인 활동과 KID(국제우정클럽) 활동을 하였다. 소련 카이샤도리스시 축제에 두 번이나 다녀왔다. 또한 레제그느에 가서 체코슬로바키아와 베트남에서 온 학생들과 마주했다. 그리고 레닌 탄생 100주년 기념일에 '용감한 노동' 메달을 수여 받았다.

많은 사람은 우리 고려인들을 좋은 근로자라고 생각한다. 고려인들이 어디에서 일하든 다른 사람들보다 더 열심히, 더 믿음직하고 더 정확하게 일하는 사람이라고 생각한다. 소련 시대 많은 농업회사의 리더들은 고려인들이었으며, 사람들은 고려인들이 리더 역할을 잘한다고 생각한다. 예를 들면, 우즈베키스탄에서 김병화 이름으로 명명된 콜호스, 폴리토젤, 프라브다, 스베르드, 3국제 콜호스, 보로봄에 있는 새 공장 등이 그렇다. 그 외에도 카자흐스탄과 우즈베키스탄에서의 많은 유명한 학자들, 의사들, 교사와 교수들과 훌륭한 지도자들은 고려인들이다. 복권 전 1956년까지는 고려인이 지도자의 자리에 올라가는 것에 한계가 있었다. 하지만 1952년부터 고려인이 소련 군대에 가게 되면서 군인 학교에서 고려인들을 채용하기 시작했고, 이후 고려인의 상급자 승진이 허락되어 머리 좋고 성실한 고려인들이 높은 자리에 올라가게 되었다.

유 타마라 페트로브나

나 유 타마라 페트로브나는 1951년 9월 28일에 탈디쿠르간 지역 우슈토베시에서 태어났다. 아버지 쪽을 보면, 증조할아버지 유 미트로판은 1870년 러시아 연해주 지역 슬라비얀카 마을에서 태어나셨고, 1908년에 세상을 떠나셨다. 할아버지 유 일리야는 1895년에 포세트 지역 브루세 마을에서 태어나셨고, 1942년에 돌아가셨다. 할머니 성은 '이' 씨인데 이름은 모른다.

조부모님에게는 아들 2명과 딸 2명이 있었다. 장남이자 우리 아버지 유 페트르 일리치는 1917년에 소련 프리모르스카야 지역 브루세 마을에서 태어났다. 1932년 바라바쎄부스카야의 7년제 학교를 졸업하고 블라디보스토크 교육전문학교에서 공부했다. 1937년 강제이주 이후 크질오르다 지역에서 살았다. 전쟁 때(1941~1944) 노동전선에 휘말리며 카라간다시 근처 광산에서 일하셨다. 아버지는 그때의 기억을 떠올리는 것을 힘들어하시며 생각하고 싶어 하지 않으셨다. 1944년~1953년 교사로 일하셨던 아버지는 우슈토베에서 레닌학교 교장까지 올라갔다. 아버지는 그 지역의 전문가로 모스크바 노동조합동맹에서 4년 동안 공

부했다. 아버지는 모스크바 생활을 자랑스럽게 이야기하시곤 했다.

　어머니는 아버지가 모스크바로 떠난 2년 후에 아이들을 데리고 아버지의 작은 기숙사 방으로 이사했다. 그때 6살이었던 언니는 모스크바에서의 기억이 많이 남아 있는 반면에 나는 대극장에 간 것만 기억하고 있다. 휴게실에서 옷맵시가 좋은 분들이 어머니를 쳐다보면서 "세 아이의 어머니세요?" "젊고 예쁘시네요."라고 이야기하며 어머니를 당황스럽게 하였다. 나와 언니는 그 사람들을 무서워하며 어머니 뒤에 숨었지만, 우리 막냇동생은 아무도 무서워하지 않았다. 또 나는 대극장의 반짝거리며 빛나던 강당이 아직 기억에 남는다. 지금 생각해 보면 모스크바에서 생활이 제일 좋았고 편했던 것 같다. 어머니는 부유한 가정 출신이었기 때문에 수도에 살면서 더 세련되어졌다.

아버지는 공부를 끝낸 후 블라디보스토크로 가기 위해 최선을 다했지만, 카자흐스탄으로 파견되었다. 그래서 블라디보스토크에 사는 이모와 카자흐스탄으로 이사 간 우리 어머니는 10~12년에 한 번씩만 서로 만날 수 있었다. 운명의 장난이라는 게 이런 것이구나! 우리 이모는 현재 88살이며 하바롭스크에서 자녀들과 손자들과 함께 사신다. 아버지는 우슈토베로 온 뒤 1957년부터 1975년까지 프룬제 학교 교장을 맡으시고 정년퇴직하셨다. 몇 년 후 부모님은 알마티로 이사하시고, 아버지는 2004년에 돌아가셨다.

어머니 쪽을 보면 증조할아버지인 김 야코브는 1870년에 북한에서 태어나셨고 1931년에 돌아가셨다. 1884년에 러시아 국경을 넘고 포시예트스키 지역 아디미 마을에서 자리를 잡으셨다. 외증조할아버지는 성이 정 씨인 여자와 결혼하였는데 아이를 낳자마자 세상을 떠났다고 한다. 그 아이는 바로 우리 외할아버지인 김기일이다. 외할아버지는 한 나제스다와 결혼하여 12명의 자녀를 낳았는데 그들 중에서 우리 어머니와 이모 두 명만 살아 있다. 우리 어머니는 어렸을 때부터 예뻤고 19살에 미인대회에서 '미스 블라디보스토크' 칭호를 받았다고 한다.

우리 가족은 1937년 11월 말 강제로 이주당하였는데, 눈이 덮인 벌판 한가운데 떨구어졌다. 혹독한 추위와 찬 바람이 몰아치는 날이었다. 현지 사람들에게 고려인은 일본 간첩이라는 소문이 났으며, 현지인이 고려인에게 다가가는 것조차 금지되었다. 하지만 어머니는 카자흐스탄 사람들이 그때 도와주지 않았으면 죽었을 것이라고 항상 이야기하곤 했다. 우리는 이러한 이야기를 어른이 된 후에야 들을 수 있었다. 왜냐하면 그때에는 강제 이주에 대하여 말하는 것이 금기시되었기 때문이다. 내가 생각하기엔 1937년 강제로 이주당한 고려인들은 정부를 무서워해서 자기를 매국노라고 부를까 봐 서로 가까이하지 못하고 피하였던 것 같다. 지금까지 그러한 생각이 고려인들에게 습관처럼 되어서, 위구르나 체첸 등 카자흐스탄의 소수민족들처럼 자기들 민족끼리 뭉치는 협동조합 같은 것이 없어서 아쉽다. 소련 고려인들은 한국의 침략자 일본인들을 평생 싫어하면서 살아왔다. 나에게도 이런 원한의 마음이 어머니로부터 전해져 내려왔다. 생각해 보면, 일본 사람들이 나에게 어떤 나쁜 짓을 한 것은 없는데도 말이다. 힘들게 살았던 부모님의 이야기를 들으며 그들이 어디에 살든 상관없이 옛날부터 전해 내려온 원한이 바로 이런 것이구나 생각했다. 또 한편으로는 짐승 같은 소련의 관리 방식을 무서워하기도 하고 당황하기도 했다. 시간이 흐르고 고려인들이 복권되고 나서야 권력의 악행은 비판받았다.

이제 그것은 다 과거의 이야기가 되었다. 우리는 여러 민족의 아이들과 함께 자랐다. 고려인들이 살아가는 데 있어서 부모에게 우선시되는 것은 아이들에게 가치 있는 교육을 하는 것이었다. 공식적인 자료에 따르면 소비에트 연방공화국에서 고려인들이 제일 유식한 민족이었다.

내가 10~12살쯤 되었을 때 우리가 러시아나 유대인 아이들과 다르다는 것을 깨닫게 되었다. 러시아인이나 유대인 아이의 부모는 자기 아이의 자유를 중요하게 여기고, 자기 아이가 제일 똑똑하고, 예쁘고, 최고라는 것을 어렸을 때부터 인지시켜 준다. 그런데 우리 고려인 어머니는 우리에게 늘 "겸손해라, 어른들에게 쓸데없는 말 하지 마라. 대화할 때 정면으로 주시하지 마라. 소리 크게 웃지 마라. 생각 없이 웃지 마라." 등등 엄격하게 우리를 기르셨다. 현재 50~60대인 고려인 어머니 입에서 "우리 아이가 얼마나 모범적인 우등생인지 몰라요."라는 말보다는 "우리 딸 바냐, 베쨔, 마리나는 아무 생각이 없어요." 같은 말을 들을 수 있었다. 앞선 세대의 고려인에게는 자기 자식들의 능력을 낮춰서 이야기하는 그런 이상한 습관이 있었다. 그런데 얼마 전 한국 드라마를 봤는데 거기서도 우리 고려인 어머니와 같은 행동이 나왔다. 바로, 드라마 속의 딸이 갖은 노력을 다하여 성공하고, 자신의 어머니에게 최선을 다해 잘해주는데도 딸은 야단만 맞고 살고 있었다. 나는 이를 통하여 한국인들의 사고방식은 유럽 사람들과 많이 다르다는 것을 깨닫게 되었다.

우리는 부모님께서 백방으로 항상 지켜주셨기에 어렸을 때 두려운 것은 없었다. 우리 집안에는 우리만의 전통과 풍습이 있었다. 그중 매년 1월 1일에 어머니가 응접실에 있는 식탁 위에 식탁보를 덮어놓았던 것이 기억에 남는다. 그날 10시가 되면 우리는 조부모님께 절을 올렸다. 물론 우리가 돌아가신 할아버지와 할머니를 뵌 적이 없었지만, 어린 우리에게는 그 모든 풍습이 놀이 같았다. 그리고 더 중요한 것은 맛있는 음식을 많이 먹을 수 있었다. 어머니는 절을 하면서 그해의 행운,

건강, 그리고 평안을 빌었다.

나는 영어 교수로 일했는데, 공산청년동맹에서 일을 하였다. 처음에 카라탈스키 구역위원회의 총비서 일을 맡았고, 그다음에 알마티로 이사한 후에는 콤소몰 주위에서 교사 일을 하였다. 그리고 카자흐스탄 콤소몰 중앙위원회의 위원이 되었다. 젊은이들과 같이 일을 하면서 많은 것도 알게 되었고, 여행도 자주 갈 수 있는, 내 인생에서 제일 즐거웠던 시간이었다. 은퇴하기 전 10년 동안 'USCO'사 인사부에서 일했다. 나는 한평생 좋은 분들을 만났다. 하나님께 감사드리고 싶다.

나에게는 3명의 여동생과 1명의 오빠가 있다. 우리는 모두 대학교를 졸업했다. 모두가 좋은 일자리를 가졌고, 오빠와 작은 여동생은 아직도 일을 계속하고 있다. 나는 아직도 행복한 결혼생활 중이다. 나의 남편인 빅토르는 공대를 졸업하고 상트페테르부르크에서 인문학 교수의 일을 하고 있다. 우리 딸 올가는 1982년생이며 시집간 지 8년이 되었다. 사위 김 브로니슬라브는 착할 뿐만 아니라 자기 가족을 무엇보다도 먼저 생각하는 사람이다. 둘 다 키멥대학교 학사, 석사를 졸업한 후 성공적으로 일을 하고 있다. 둘의 전공은 경제 마케팅이다. 손녀 2명은 잘 자라고 있다. 한국인들의 사고방식에 따라 손녀들 자랑은 하지 않겠다.

내가 알마티 한국교육원과 고려인 노인대학을 알게 된 것은 너무나 당연한 일이라고 생각한다. 나이가 들수록 자기 민족들과의 커뮤니케

이선이 필요하다고 많이 느낀다. 나와 같은 나이라면 누구나 자기 민족의 뿌리에 관심을 가지게 된다. 젊었을 때는 우리 민족에 관해서 아무 생각도 없었다. 하물며 여권에 적혀있는 'национальность(민족)'이라는 줄에 'советский(소비에트스키)'라는 단어를 붙인다고 했는데도 신경을 쓰지 않았다.

지난 70~80년에는 고려극장이 알마티 시내 제르진스키 비노그라도브에 있었는데, 그곳에 공연을 자주 보러 갔었다. 부모님과 함께 공연을 보러 갔을 때 이어폰을 끼고 흥겹게 콘서트나 연극을 보았던 기억이 난다. 그 극장은 늘 구경 온 사람들로 가득 차 있었기에 예약해야만 했다. 거기에 가서 무엇보다도 내 마음을 끄는 것은 구경 온 고려인 동포들이 행복해하는 모습을 볼 수 있었다는 점이다.

우리 부모님은 비슷한 또래들과 한국말(고려말)로 이야기를 나누었지만, 자녀들과는 러시아어로 이야기했다. 자녀들이 어른들의 한국말을 이해하지 못하기 때문이었다. 소련이 붕괴하지 않았으면 아마도 지금까지도 그랬을 것이다. 러시아어만 잘하면 되었기 때문이다. 그 당시는 한국말의 필요성이 없었다. 한자까지 잘 아시는 어머니는 자녀들을 가르치고 싶어 하셨지만 허사였다. 어머니는 노래를 한국말로만 불러주셨다. 미성의 목소리를 가진 어머니는 어디를 가든지 인기가 많았다. 어머니께서 살아계셨다면 내 인생의 변화를 보시며, 얼마나 기뻐하셨을까? 어머니는 2002년에 세상을 떠나셨다. 고향을 그리워하셨던 부모님께 고향 땅 한국을 보여주지 못해 후회된다. 나는 고려인 노인대학생 모국 방문에 참여하여 11일 동안 우리 부모님이 보고 싶어 하셨던 한국 땅 여러 곳을 보고 왔다.

   나는 이제 자녀들과 손녀들이 한국 문화와 풍습에 관심을 가지게 하고 있다. 현대인들은 우리보다 정보도 많고 한국의 빛나는 성과까지 잘 알고 있다. 그들은 텔레비전 프로그램, 드라마, 콘서트를 자주 보고 각자 좋아하는 연예인도 있다. 그들은 고려인이라는 것을 자랑스레 말한다. 고려인들이 조국을 자랑하며 다른 민족들과도 자유롭게 이야기할 수 있는 것은 현재의 대한민국이 좋은 이미지를 가지고 있기 때문이라고 생각한다.

정 발레리 아나톨리예비치

　나는 1953년 2월 19일 카자흐 소비에트 지역에서 태어났다. 아버지 정삼연은 1918년 3월 5일 사할린에서 태어나셨다. 사범학교 7학년을 졸업한 후 어업협동조합에서 일했다. 황 류보피('사랑'이란 뜻이 있음)와 결혼하여 나를 낳았다.

　어머니는 1921년 사냥꾼인 외할아버지의 딸로 블라디보스토크에서 태어나셨다. 외할아버지는 사냥꾼이자 인삼을 캐는 사람이었고 마부이기도 했다. 1930년 가을 사냥을 마치고 집으로 돌아오는 도중에 마적 떼를 만나 죽임을 당했다. 그때 어머니는 9살이었고 위로 언니 2명이 있었다. 아버지를 졸지에 여읜 딸들은 어머니와 함께 힘겹게 살았는데, 1937년 강제 이주를 당해 카자흐스탄 카라간다에서 살게 되었다. 임시 건물에서 춥고 굶주렸다. 언 감자로 겨우 끼니를 때워야 했다. 1945년 어머니는 아버지 정삼연과 결혼하여 딸 두 명(나의 누나 2명)과 아들 2명(나와 남동생)을 낳았다. 1953년 스탈린이 죽은 이후에는 강제 이주를 당한 고려인들이 살 곳을 스스로 정할 수 있게 되었다. 부모님은 1953년 3월에 카프카스로 돈벌이를 찾아갔다. 그들은 모를 심었으며

채소와 참외를 길렀다.

 나는 어린 시절을 카프카스의 바바유르뜨 촌락에서 보냈다. 우리 가족은 카프카스에서 사람의 손이 닿지 않은 땅들을 개간했다. 고려인들은 배급표를 받기 위해 씨를 뿌렸고 땅을 어떻게 경작할 것인지 계획을 세웠다. 그리고 소금기가 있는 땅에 적당한 채소들을 재배하기 시작했다. 여름방학이 시작되면 아이들은 모두 논으로 가서 잡초를 뽑았다. 뜨거운 태양 아래 무릎까지 차오르는 물에 발을 담그고 손으로 또는 낫을 사용해서 잡초를 제거했다. 태양에 의해 따뜻해진 물 안에서 물고기는 매우 빨리 자랐다. 논의 물길에서 고기를 잡기도 했다. 가을에는 손으로 벼를 수확했다. 낫으로 벼를 기울여 단을 묶었다. 그때 일에 너무 열중하다가 오른손에 흉터가 났는데 지금까지 남아 있다. 약속한 만큼의 쌀을 넘겨주고 남은 쌀은 도시의 시장에서 팔았다. 부모님이 시장으로부터 돌아오시기를 초조하게 기다렸다. 왜냐하면 부모님은 신발이나 옷, 각종 맛있는 것들을 가지고 오셨기 때문이다.

학창 시절에 나는 공부를 열심히 했고 또 잘했다. 수학과 물리, 화학은 내가 가장 좋아하는 과목이었다. 러시아어와 문학은 좀 어려운 편이었다. 숙제는 집에서 스스로 했다. 가끔 문학 글쓰기는 율리야 누나의 것을 베껴서 쓰기도 했다. 좋아하는 공부는 독서였다. 전기가 일찍 끊기는 것이 너무 아쉬웠다. 왜냐하면 디젤 발전기로부터 온 빛이었기 때문이다. 나와 율리야 누나는 바바유르뜨 도서관의 모든 책을 여러 번 읽었다. 책 읽기를 좋아했지만, 읽을 수 있는 책은 매우 부족했다.

9학년 때 나는 화학과 물리 경시대회가 열리는 마하치칼라에 갔다. 그때 나는 그런 큰 도시에 가본 것이 처음이었다. 1970년에 10학년을 졸업하고 나는 키르기스 소비에트의 프룬제시로 갔다. 그곳에서 기술대학교 광산기술학과에 입학했다. 열심히 공부해서 많은 장학금을 받았다. 전공을 살려 크바르지노 발카르 소비에트의 티르니아우즈시의 공장에서 광석 제련 기술자로 일했다.

부인 잔나는 프룬제에서 알게 되었다. 우리는 1976년 10월 30일에 결혼했다. 내가 아파트를 얻었고 거기서 함께 살았다. 1978년 부모님은 프룬제시로 이사를 오셨고, 나와 가족들도 티르니아우즈로부터 이사 왔다. 그곳에서 첫아들 안드레이를 낳았고, 1984년에 둘째 알렉세이를 낳았다. 프룬제에서 고본지(토지임대계약 경작)를 시작했다. 고려인들은 우크라이나에서 블라디보스토크까지 자주 오갔다. 양파, 수박, 참외와 오이 등을 재배했고, 돈은 조금 버는데 쓰는 돈은 많아서 다른 민족들이 고려인들은 다 부자라고 생각했다.

1998년부터는 사업가로 일하게 되었다. 그때 처음으로 UAE(아랍에미리트)에 가보았다. 나는 도시를 보고 큰 감동을 하였다. 밤에도 도시는 낮처럼 밝았다. 여기저기에 외국인들이 있었고 모르는 외국어가 사방에서 들렸고 매우 더웠다. 비슈케크시에 있었을 때는 전기의 끊김이 많았다. 나는 이곳에는 미래가 없을 것이라고 느꼈다. 그러나 사업은 점점 나아졌고 자신감이 생겼다. 지인들도 사업에 참여했다. 재봉 공장을 열었고, 생산품을 러시아나 카자흐스탄으로 보냈다. 나는 두바이로부터 진보된 기술과 전자제품을 가져다 카자흐스탄과 키르기스스탄에서 소매나 도매로 팔았다.

큰아들 안드레이는 키르기스스탄 민족대학교를 졸업한 후 내 사업을 돕게 되었고, 내 친구의 딸과 결혼했다. 그들에게 자녀는 2명이 있다. 나의 둘째 아들은 큰 회사에서 회계사로 일하며 아직 미혼이다.

키르기스스탄에서는 2005년 봄에 민족의 슬로건을 건 튤립혁명이 일어났다. 이 혁명으로 인해 국가 시스템과 집권 세력이 바뀌었다. 그리고 2010년에 다시 더 큰 혁명이 일어났다. 우리는 가족회의를 열고 사업을 그만하기로 했다. 우리는 국적을 바꾸기로 하고, 2011년 카자흐스탄 알마티로 이사 와서 지금까지 살고 있다.

알마티에 와서 한국교육원에 세운 고려인 노인대학에 들어와 다른 많은 고려인과 만날 수 있었다. 노인대학에서 우리는 한국의 역사와 문화, 전통음식, 관습을 배운다. 그리고 2013년 봄에는 오랫동안 꿈꿔왔던 염원을 이루게 되었다. 나는 조상들의 고향인 한국에 갔다 왔다. 한국 사람은 정말 열심히 헌신적으로 일하고 있었다. 과거에 그렇게 힘들었던 나라가 지금은 낙원으로 변했다는 것을 보고 정말 놀랐다.

차 림마

내 이름은 차 림마이다. 내 아버지의 운명은 짧고 슬프다. 사람들이 그를 차 체르소이라고 불렀다. 그의 어머니(나의 할머니)는 가난한 가정에서 태어나 어린 소녀였을 때 노인과 억지로 결혼하게 되었다. 그는 5명의 자녀를 낳았는데 아버지는 그중 셋째였다. 아들 넷을 낳은 후에 딸 하나를 낳았다. 그녀는 사랑하지 않는 노인과 계속 살 수 없었다. 결국 그녀는 막내딸을 데리고 젊은 남자와 도망갔다. 전 남편이 그녀를 찾아서 죽일 거라는 이야기가 돌았다. 그녀는 결국 나머지 아이들을 고아원에 보낼 수밖에 없었다. 그때부터 그녀는 첫 남편에 대한 소식을 듣지도 않고 그를 보지도 않았다. 나의 아버지는 고아원에서 '이반'이라는 이름을 갖게 되었다. 아버지는 1937년에 다른 고려인들과 같이 카자흐스탄으로 강제로 이주당했다.

나의 어머니 남신히는 1934년에 먼 동쪽 사할린에서 태어났다. 외할머니는 9남매를 낳았는데 그 중 사할린에 살 때 질병으로 자녀 중 3명이 사망하였다. 강제 이주 도중에 또 다른 딸이 세상을 떠났다. 이제 그녀에게는 아들 3명과 딸 2명만 남았다. 이들 중 한 명이 바로 우리 어머니다. 어머니의 가족은 잠블로 이사하게 되었다. 제2차 세계 전쟁 후에 우리 부모님은 잠블에서 만났다. 나는 그들의 첫딸이며 1948년 5월 7일에 잠블 지역에 있는 노보쯔로이츠꼬에 마을에서 태어났다. 아버지는 28살이던 1953년 3월 병으로 인해 세상을 떠났다. 그리고 6개월이 지나 막내 여동생인 로라도 사망했다. 1956년에 어머니는 텐 시엔과 두 번째로 결혼했다. 이 결혼을 통하여 딸인 갈랴와 아들인 유라가 태어났다. 그 당시엔 거의 모두가 가난했다. 어려운 시대였다.

나는 1955년에 초등학교 1학년에 다니기 시작했다. 그리고 우리는 우슈토베로 이사했다. 어렸을 때 집에서 한국말로 얘기했던 기억이 남아있다. 학교에 가면 모든 것이 러시아어로 되어 있었다. 한국어 수업은 있었지만 적었다. 어딜 가도 사람들은 러시아어로만 얘기했다. 우리는 점차 우리의 언어를 잊게 되었다. 나중에 태어난 아이들은 처음부터 한국어로 말하지 않았다. 부모님은 밭에서 일하셨고 채소를 키웠다. 자녀들은 공부를 마치고 시간이 남을 때마다 부모님을 도와드렸다. 나는 공부하는 것이 어렵지 않았고 좋은 성적을 얻었다. 내가 좋아하는 과목은 수학과 기하학이었다. 나는 독서를 좋아했다. 주로 학교 도서관에 있는 러시아나 외국 고전문학 작품을 읽었다. 그중에서 한 책이 마음을 특별하게 움직이게 했고 평생 기억 속에 남아있다. 그 책을 읽은 후에 밤새도록 울었다. 그 책은 에델 릴리안 보이니치의 《오보드(말파리)》라는 책이다. 아쉽게도 학교 도서관에 한국문학 작품은 없었다. 나는 주로 책을 밤에 읽었는데, 부모님은 밤에 책을 본다고 잔소리하셨다.

책에 대한 이런 사랑은 나의 미래를 결정하였다.

  1966년에 탈디쿠르간시의 학교에서 11학년을 졸업했고 바로 그해에 렙신스크 도서관 테흐니쿰에 입학했다. 1967년에 이 테흐니쿰은 알마티 지역의 카스켈렌으로 옮기게 되었다. 여기에서 나의 앞으로의 삶을 결정한 특별한 사건이 있었다. 11월 7일 나와 같이 사는 친구들은 명절을 보내러 집으로 떠났다. 나는 저녁에 산책하러 혼자 밖으로 나갔다. 우리 집 근처에는 영화관이 있었는데, 그 영화관 주변에는 사격장이 있었다. 나는 그때 사격을 할 줄 알았는데, 사격하는 대회에도 참석해 본 적이 있었다. 사격장에는 아무도 없었다. 성공적인 날이었다. 내가 쏜 모든 총알이 목표물에 명중했다. 총을 내려놓는데 누군가 칭찬을 보내는 목소리와 박수 소리가 들렸다. 뒤를 돌아보니 아무 말 없이 나의 사격을 지켜본 젊은 사람 2명이 있었다. 우리는 서로 소개한 후에 함께 영화를 보러 갔다. 《10월의 레닌》이라는 영화였다. 영화관에는 몇 명밖에 없었다. 영화가 끝난 후에 한 친구는 어디론가 사라졌고 사비르가 나를 집까지 데려다주었다. 그리고 우리는 다음 날 만나기로 약속했다. 사비르도 테흐니쿰 학생이었고, 우리는 아주 친한 친구가 되었다. 친구들이 우리를 보며 내가 사비르를 사격했다고 농담했다. 우리는 테흐니쿰을 졸업할 때까지 하루도 빠짐없이 매일 만났다. 나는 그보다 1년 먼저 졸업했다.

1968년 6월에 나는 졸업식에서 빨간색 졸업증명서(우등생을 의미하는 졸업증명서)를 받게 되어 있었다. 졸업한 학생들은 특정한 기준에 따라 곳곳으로 배치되었다. 나는 구리예프(현재 아티라우) 지역으로 배치되었다. 그 당시에 졸업증명서를 바로 받을 수 없었으며 그 분야에서 2년 동안 일한 뒤에 받을 수 있었다. 구리예프에 가기 전에 어머니가 살고 있는 투르가이스까야 지역에 잠시 머물렀다. 거기에서 한 달 동안 있다가 8월에 구리예프로 떠났다. 우수 학생인 나는 구리예프에 있는 지역 도서관에서 일했고 아파트도 제공받았다. 다른 친구들처럼 멀리 떨어져 있는 곳에 일하러 가지 않고 지역 도서관에 취직하게 되었다. 일한 지 일주일 된 어느 날 지역 문화관리에게서 전화가 왔다고 나를 불렀다. 전화를 받았는데 수화기 너머로 사비르의 목소리가 들려 굉장히 놀랐다. 그는 나를 따라 여기로 왔다고 했다. 나는 너무 놀랐다.

왜냐하면 우리가 헤어진 후 그는 나에게 편지도 보내지 않았고 전화 한 통도 없었기 때문이다. 나는 그를 마중하러 나갔고 그는 우리가 헤어졌을 때부터 매일 매일 썼던 편지를 나에게 주었다. 그는 그 편지를 어디로 보내야 할지를 몰랐다고 한다. 그가 머물 숙소가 없어서 역에서 밤을 보냈다. 다음 날 낮에 그는 내가 일하고 있는 도서관에 와서 함께 가자고 나를 설득했다. 나는 그를 따라가지 못했다. 그와 같이 가면 졸업증명서를 받을 수가 없었기 때문이다. 우리는 지역 문화원의 원장님과 이 문제에 관해서 이야기했지만, 원장님은 이것이 법이기 때문에 지키지 않으면 안 된다고 했다. 사비르가 온 지 일주일이 된 후에 우리는 경찰관에게 들켰고, 이 상황을 설명하는 데 오랜 시간이 걸렸다. 나는 어떻게 할 것인지 빨리 결정해야만 했다.

나는 사비르와 같이 가기로 했다. 졸업증명서는 어쩔 수 없었다. 사랑하는 사람이 더 중요하니까. 우리는 먼저 우리 어머니의 집에 갔다. 아버지는 집에 없었다. 나의 어머니는 결혼에 반대하셨고 아무 말도 듣고 싶어 하지 않았다. 그런데 우리는 그래도 같이 있겠다고 했다. 일주일 후에 우리는 공식적인 서류에 사인하고 부부가 되었다. 다음에 사비르의 집으로 갔다. 우리 앞에 무슨 일이 일어날지 상상하지 못했다. 사비르의 부모님은 그가 어디로, 왜 사라졌는지도 모르고 있었다. 그는 아무에게도 어디로 그리고 왜 갔는지를 얘기하지 않았기 때문이다. 우리는 그의 할아버지 집에서 머물렀다. 며칠 후 늦은 밤에 시할아버지의 아내가 뛰어와서 우리가 빨리 도망가야 한다고, 우리를 죽이려는 사람이 있다고 했다. 그 사람은 사비르의 아버지였다. 그의 아버지는 우리가 여기로 온 것을 듣고, 총을 들고 "이놈들 죽여 버릴 거야!"라고 소리를 지르면서 집으로 뛰어 들어왔다. 나는 도망가서 밤새 숨어 있었다. 우리 부부의 가정생활은 이런 식으로 시작됐다. 사비르의 부모님과 친척들의 반대를 극복하는 것은 쉬운 일이 아니었다.

자녀들이 태어난 후에도 이런 반대는 사라지지 않았다. 사람들은 사비르가 곧 나를 버릴 것이라고, 그럼 그때는 사비르가 가족들과 괜찮아질 것으로 생각했다. 그런 가운데 시간이 지나면서 우리는 여전히 함께 살고, 일하고, 아이들을 키우고, 집을 짓고, 정원을 만들었다. 20~25년이 지나서야 시어머님은 터키 며느리보다 고려인 며느리가 더 낫다고 고백했다. 가족의 한 구성원이 되기 위해서는 수많은 인내심이 필요했다. 나는 터키어를 배웠고 터키 음식을 만드는 법을 배웠으며 그들의 전통과 풍습을 지켰다. 그리고 무슨 일이 있어도 시아버님과 시어머님, 많은 친척을 존중했다. 우리는 어려운 생활이었지만 재미있고 행복한 삶을 살았다.

우리에게는 레이라와 아시야라는 딸 2명이 있다. 딸은 둘 다 결혼했고, 고급 교육을 받았고, 각자 자기가 전공한 분야에서 근무하고 있다. 큰딸은 러시아 남자와 결혼하여 아들과 딸을 낳았다. 작은딸은 타지키스탄 남자와 결혼하여 아들 2명이 있다. 둘째 사위는 음향감독이며 자신의 녹음 스튜디오가 있다. 우리 가정에서 제일 중요한 것은 서로에 대한 사랑과 존중이다.

우리 가족에게 이런 일도 있었다. 내가 결혼한 후에 남동생은 카자흐스탄 여자, 여동생을 우크라이나 남자, 그리고 막내 남동생은 독일 여자와 결혼했다. 그는 독일에서 산 지 23년이 되었다. 그는 우리를 보러 여기에 오고 우리도 그를 보러 독일에 간다. 우리 가족 중에 우리 부부만 고려인이다. 그래도 우리는 그대로 남아있다. 그것은 시간이 흐를수록 더욱 잘 느껴진다. 나는 나의 자녀와 손자들이 무엇을 느끼는지는 모른다. 자녀들은 내가 항상 그들의 옆에 있기 때문에 자기들이 고려인이라고 느낀다. 나는 그들이 한국의 뿌리, 역사, 문화, 전통 그리고 풍습에 대해서 알면 좋겠다. 모든 손자에게 한국식 돌상을 차려주었다. 막내딸과 손녀는 한국에 가본 적이 있었고, 거기에서 자기 어머니 조상들의 역사적인 고향을 직접 눈으로 보고 자랑스러워했다.

우리는 카스켈렌에 남았다. 나는 졸업증명서를 받았고 지역 도서관에 취직했다. 야간대학교에 입학해서 고급 교육도 받았다. 나는 사서라는 직업을 좋아한다. 왜냐하면, 사서들이 고급 교육자로서 문화적인 사람들이라고 생각하기 때문이다. 도서관에는 다양한 사람들이 온다. 읽기 시작한 지 얼마 되지 않은 아이들을 비롯하여 교사, 의사, 학생, 교수가 온다. 사서는 이들 모두에게 그들이 필요하고 유익한 책을 찾을 수 있게끔 도와준다. 그 당시에는 거의 모든 정보가 인쇄물에 있었다. 이 외에 도서관에서 작가 및 시인들과 만남이 있었고 독자적인 학술대회,

책 토론, 문학-음악적인 행사 등 많은 행사가 진행되었다. 나는 일을 매우 좋아해서 도서관일 뿐만 아니라 사회적인 일도 적극적으로 했다. 시협의회에서 대리 역할도 했다. 도서관 산하에 학문-기술적인 정보 교실이 생긴 후에 그곳의 원장이 되었다. 정보 및 업무 교류를 위해 모스크바에 출장을 가서 전 소련 연합 세미나에도 참석했다.

  나는 나이가 들어가며 나 자신이 고려인이라는 사실에 관심을 두게 되었다. 잊었던 나의 모국어가 배우고 싶어졌다. 내 주변에는 모국어(고려말)를 할 줄 아는 부모님이나 친척들이 멀리 떨어져 살고 있었고, 주위에는 터키말을 하는 터키인이 있어서 터키어로 얘기했으며 한국말은 듣지도 못했고 아예 하지도 않았다. 카스켈렌에 한국교육원이 생겼고 지역 한국문화원과 연결되었다. 그들의 도움으로 우리는 카스켈렌 역사상 처음으로 '한국 문화의 날' 행사를 만들었다. 행사가 중앙 광장에서 진행되었고 우리 구역에 살고 있는 모든 고려인과 수많은 다른 민족 사람들이 참석했다. 그동안 우리 도시에서 이런 행사는 처음이어서 많은 시민들이 구경하고 싶어 했다. 알마티에서 성가대가 와서 카스켈렌 사람들이 보지 못했던 한복을 모두가 입고 한국 노래를 불렀다. 젊은 태권도 선수들이 시범을 보여주었다. 그리고 태어난 지 1년 된 아이들을 기념하는 돌잔치 풍습도 보여주었다. 그리고 한국교육원 산하에 한국어반이 생겨서 나는 수강생으로 등록하여 다니기 시작했다. 1년 뒤에는 내 한국어 실력을 알아보기 위해 한국어능력시험을 보았다.

나는 한국어를 더 빨리 익히려고 도서관 산하에 한국어 동아리를 만들었다. 음악 선생님과 같이 우리는 아이들에게 한국노래와 한국 춤을 가르쳤다. 교육원도 우리를 응원하며 우리에게 몇 벌의 한복을 선물했다. 그리고 우리 '고려인들'이 학교의 모든 행사에 참석했다. 이것은 나에게 제일 재미있고 창의적인 근무 시간이 되었다. 우리는 여러 가지 의복을 바느질했고 꾸몄다. 아이들은 기꺼이 이런 수업에 다녔다. 학생들의 부모님은 아이들이 재미있는 일을 하고 있어서 매우 만족스러워했다. 그들의 말로는 아이들이 집에서 한국노래를 부르고 있다고 했다. 경제적으로 얻는 이익은 적지만 이것은 나에게 가장 중요한 일이었다. 자녀들은 내가 이 일을 굉장히 재미있어하는 것을 보고 최선을 다해 도와주었다. 그리고 아이들과 그들의 부모님도 도와주었다. 나에게는 누구보다 우리 가족의 응원이 중요한데 남편 사비르와 자녀들은 내가 하는 일을 존중하고 적극적으로 도와주었다.

2004년에 교육원은 한국에서 3주 동안 열리는 한국어 교사 세미나에 나와 다른 한국어 교사들 몇을 한국에 보내 주었다. 비록 길지는 않았지만 매우 유익한 세미나였다. 내가 한국어 수업 시간에 학생들에게 말했던 곳을 직접 눈으로 보는 것은 아주 색다른 경험이었다.

나는 2008년에 40년 동안 근무하고 퇴직했다. 계속 일할 수 있었지만, 목소리에 문제가 생겨서 일을 그만두게 되었다. 평생 적극적인 활동으로 바쁘게 일하던 내가 일하지 않고 집에서 지낸다는 것은 이만저만 고역이 아니었다. 물론 집안일이나 손자들을 돌보는 것도 중요한 일이지만, 이러한 가정일로는 보람을 느끼지 못했고 늘 무엇인가가 부족하고 그리웠다. 직장에서 퇴직하고 변화는 없고 재미있는 일은 없을 거로 생각했었다. 그러던 차에 우연히 교육원 고려인 노인대학에 들어가게 되었다. 노인대학은 내게 새롭고 재미있는 삶의 보람을 느끼게 해주었다. 교육원에서 많은 고려인들을 만나 친구가 되었고, 한국에서 온 선생님들은 내가 그동안 알고 싶고 배우고 싶었던 조상 나라의 언어와 문화, 역사, 전통, 예술 등 많은 것을 알게 해주었다. 노인대학은 기쁨과 활력이 넘치는 새로운 인생의 길을 열게 해준 것이다.

고려인 노인대학은 우리 부모, 조부모 세대가 강제 이주를 당해 머나먼 낯선 땅에 살면서 눈물 흘리며 그리워했고 보고 싶어 했던 조국 강산을 마침내 내가 가볼 수 있는 선물을 안겨주었다. 고려인 노인대학 졸업생 모국 방문이 이루어진 것이다. 11일 동안 한국의 이곳저곳 명소와 산업시설, 역사 유적지 등 많은 곳을 볼 수 있었다. 우리는 감격했고, 너무나 고마워 눈물을 흘렸다. 우리 평생 잊지 못할 사건이다. 나는 내가 보고 느꼈던 것을 다른 고려인 어른들도 느껴보길 바란다. 우리의 자녀와 손주들이 나의 기쁨을 보고 함께 기뻐했다. 나는 그들이 나를 행복한 고려인 할머니로 기억할 것으로 생각한다. 그들에게도 한국인의 피가 흐르고 있고 이것은 매우 자랑스러운 일이라는 것을 우리의 후손들은 기억할 것이다.

나의 남편 사비르는 2011년 6월 22일에 심장병으로 세상을 떠났다. 나는 그와 43년 동안 같이 살았다.

채 예브게니야 벤세고브나

나는 1938년 3월 2일에 야쿠츠크 네자메드너 지역에서 태어났다. 아버지는 부모님과 본인, 동생으로 구성된 4인 가족이었다. 나의 삼촌 김팬체르는 1948년에 고려인 최초 사회주의 노동 영웅이 되었다. 나는 부모님의 다섯 번째 아이였지만 나보다 앞서 태어났던 언니, 오빠들이 어린 시절에 모두 죽었다. 부모님은 내가 40세 이상 살게 하고 싶은 마음에 내 이름을 '잘 태어난, 고귀한'이라는 뜻을 가진 '예브게니야'로 지었다. 나에게는 3명의 동생이 생겼다. 여동생 류다, 남동생 트로핌, 보리스다.

1950년에 우즈베키스탄으로 이사를 했다. 나의 취미 중 하나는 공부하는 것이었다. 이 취미는 지금까지도 계속되고 있다. 공부의 결과가 항상 뛰어난 것은 아니지만 그 과정이 재미있다. 대학교에서 공부하는 동안 체조를 하였는데, 성인부에서 1등 상을 받기도 하였다. 나는 《안나 카레니나》라는 소설을 몇 번이나 읽어봤지만, 그 책을 펼 때마다 새로운 것을 발견했다. 15살 때 그 소설책에 나오는 여자주인공의 성공에 대해서 많이 생각했다. 그리고 '그녀처럼 사랑을 위해서 모든 것을 포기할 수 있는 사람이 있을까.'라는 생각이 들었다. 나는 30살 때 그 여주인공의 감정과 상황을 마음속으로 깊이 느끼고 여성의 마음속에는 카레니나가 있다는 것을 경험해 봤다. 지금은 사랑하고 사랑을 받은 여자가 이 세상에 많지 않고 만약에 그렇게 된다면 경험도, 남들의 충고도, 주변 사람들의 의견도 아무 힘이 없을 것이다. 당신은 그저 운명의 장난감이 될 것이다.

최근 조 라이트 감독의 영화 《안나 카레니나》를 보고 많은 감동을 하였다. 그는 처음부터 클래식 방식으로 조심스럽게 관객의 주의를 끌었다. 나는 그 영화를 몇 번이나 봤다. 영화를 통해서 안나의 태도를 몇 번이나 볼 수 있었고, 볼 때마다 15살 때 느꼈던 감동을 다시 한번 가까이서 느낄 수 있었다.

나의 남편 채 아나톨리에 관해 이야기하려고 한다. 그 사람은 미치도록 나를 좋아했고 어느 날 우리가 만났을 때 헤어지고 싶지 않았다. 그 사람은 레닌그라드 의료대학교에서 공부했고 나는 프스코프 사범대학교에서 공부했다. 그 사람은 토요일마다 수업 후에 나를 만나려고 기차를 타고 왔다. 우리는 결혼식을 두 번이나 올렸다. 첫 번째는 동창들끼리 학생 식으로 했고, 두 번째는 타슈켄트에서 한국 전통 혼례를 올렸다. 남편은 늘 부지런했다. 그는 모든 일에 첫 번째가 되고 싶어 했다. 나는 집단농장에 살기를 거부하고 대학원에 입학하여 시골 병원을 주도히는 것에 도전했다. 그 결과 그도 대학원에 입학했고 나보다 훨씬 일찍 타슈켄트 고급 의사대학교에서 박사학위를 얻었다. 그 사람은 거의 잠을 자지 않았다. 지속적인 야간 근무와 수많은 의학책을 읽었다. 그리고 그의 조언을 받고 싶은 사람들의 전화가 끊이지 않았다. 그는 사람들을 좋아하는 건강한 사람이었다. 항상 바빴던 그는 비극적인 사고로 38살에 죽었다. 그는 한 번도 여행을 가본 적이 없었다. 아마 그는 일이 무척 많아서 여행할 틈이 없었을 거라고 나는 생각한다.

나는 한 달 전에 눈 수술을 받기 위해서 딸과 함께 서울에 있는 안과에 갔었는데, 의사를 기다리는 환자들이 많은 걸 보고 옛 남편이 떠올랐다. 남편이 의사로 일할 때 우리 아파트 계단에는 항상 환자들이 줄을 서 있었다. 그래도 지금 나는 자녀와 손자, 며느리, 사위 등 자녀 손들과 함께 행복하게 살고 있는데 뭐니 뭐니 해도 사랑이 있기 때문이다. 자녀들은 나를 잘 돌봐준다. 그들은 나에게 유행에 맞는 옷을 입으라고 한다. 내 나이 일흔다섯에 나는 자녀들과 암스테르담 마라톤에 참여한 적이 있다. 아들과 며느리, 사돈댁 부부와 함께 8km를 달렸다. 정말 즐거운 일이었다.

손자들은 친절하다. 바로 그것은 나에게 가장 큰 행복이다. 장손자는 '군도'라는 액션 스튜디오를 만들었다. 그는 할리우드 블록버스터 〈아브라함 링컨: 뱀파이어 헌터〉의 제작에도 참여했다. 손자들은 나와는 완전히 다른 차원과 시간에 살고 있어서 나를 기쁘게 한다. 특히 집에서 국제전화를 하면서 로스앤젤레스, 서울, 모스크바에 있는 사람들과 이야기할 때 그것을 더욱더 크게 느낀다. 멀리 있는 사람을 더 가깝게 하는 국제전화, 왓츠앱(WhatsApp), 인스타그램(Instagram) 같은 통신의 발달도 기적 같다. 손자들에게는 꿈과 공부를 할 기회가 있다. 그것은 매우 중요하다. 우리의 부모님은 최고의 교육을 제공하기 위해 노력했는데, 지금의 내 아이들은 최고의 학교에서 교육을 받을 수 있게 됐다. 내년에 막냇손자는 알마티에 있는 '헤일리 베리'라는 영어 학교를 졸업할 예정이다. 그의 앞에는 모든 곳으로 갈 수 있는 길이 열려 있다. 정말 행복하다.

나는 오랫동안 쉬콜라 및 대학교에서 학생들을 가르쳤다. 젊었을 때 나는 열심히 일을 했지만, 보수는 적게 받았다. 박사학위를 얻은 후에는 월급이 좋은 연합과학연구소 북부지점 실험실에 취직함으로 우리 가족의 살길이 열렸다. 나에게 일은 세상을 알게 해주는 눈이자 지금도 계속 필요한 것이다. 물론, 지금 나는 팀을 감독하지도 않고 석유산업의 높은 내구성 콘크리트 브랜드를 만들지도 않지만 일을 하는 것은 중요하다고 생각한다.

카자흐스탄 고려인들은 잘살고 있다. 이곳은 사업뿐만 아니라 정치 분야에도 성공한 나라이다. 모두가 대통령, 공적 인물, 과학, 문화에 대해서 알고 있다. 현재 65세인 내 아들은 28살에 카자흐스탄 최연소 코치가 되었고 성공적인 사업가가 되었다.

최 자랴

　나 최 자랴는 1954년 6월 5일에 카자흐스탄의 중심지에 있는 작은 우슈토베에서 태어났다. 우슈토베는 1937년 우리 부모님이 연해주 지역에서 거주하고 있던 다른 한인들과 같이 강제로 이주해 온 최초의 고려인 정착지이다. 우슈토베는 카자흐스탄에서 두 번째로 큰 규모의 육류 생산 공장을 갖추고 있으며, 해바라기 기름공장, 농기계수리소, 공업조합, 벽돌공장, 3개의 중학교, 큰 영화관, 그리고 매일 열리는 시장과 유일한 유르타 건설공장을 갖추고 있는 주요 철도 교차점이다.

　내가 태어날 때의 이야기를 하려고 한다. 그날은 우리 어머니가 주택 구매계약서를 작성하는 날이었다. 우리는 연해주에서 이주해 온 동포들이 살고 있는 '오소아비아힘(OSO: Osoaviahim)'이라는 콜호스에서 살았다. 당시 우리 가족에게는 아이가 3명 있었고, 나는 네 번째로 태어났다. 내가 태어날 무렵에 우리 형제들은 할머니 댁에 머물고 있었다고 한다. 어머니가 주택 구매계약서를 작성하고 있을 때 갑자기 진통이 시작되었다. 그래서 어머니는 계약서에 서명을 빨리하고 집으로 향했다. 어머니가 집에 가는 도중에 양수가 계속 나왔기 때문에 길바닥을 닦으면서 가셨다고 한다. 근무 시간이어서인지 밖에 사람이 많지 않았다. 그런데도 어머니는 길거리에서 출산할 것 같은 두려움과 부끄러움을 가지고 있었고, 간신히 문지방을 넘자마자 나를 출산했단다. 어머니는 나를 옷자락으로 겨우 움켜잡았고 재봉용 가위를 요오드로 소독하여 뱃속 태반을 직접 빼냈다. 당시 8살이었던 언니는 내가 이불에 싸여 있었을 때 처음 보았다고 한다. 해가 질 무렵, 우리 집 어른들이 퇴근하여 집에 올 때쯤이었다. 그래서 어머니는 방 밖에 있는 아궁이에서 저녁밥을 지으셨다고 한다.

할아버지의 성함은 리 벤게르였다. 할아버지는 능숙한 벼농사 전문가로 유명했다. 할아버지는 겨울에 당나귀가 끄는 수레로 마을 근처에 있는 습지에서 갈대를 꺾어 집에 가져오셨는데, 그 갈대로 아궁이에 불을 때기도 했고, 돗자리를 만드셨다. 할아버지가 만든 돗자리는 예쁘고 단단하게 잘 만들었기 때문에 잘 팔렸다. 또한 갈대로 다양한 크기의 빗자루도 만드셨고, 이웃 동네에서 그것을 사러 사람들이 많이 오곤 했었다. 할아버지는 솜씨가 좋아 버드나무 가지로 쓰임새와 모양새가 다양한 받침 접시, 요리용 체, 바구니, 키, 햇빛 가리개와 같은 가정용품들을 만드는 장인으로도 유명했다. 우리는 아무것도 안 하고 한가롭게 앉아 있는 할아버지의 모습을 한 번도 보지 못했다. 할아버지는 신문지를 천천히 접어 사람의 얼굴 모양새를 만들기도 했는데, 접은 신문지를 다시 펴면 아주 아름다운 모양이 되었는데 우리는 그것을 신기하게 생각했다.

신 수노이 할머니는 언제나 친절한 미소를 지으시며 조용히 말씀하시는 편이었다. 할머니는 한국어를 못 알아듣는 우리를 보고 밝은 미소로 손을 흔드시며 자기가 하고 있는 재봉 일을 계속하셨다. 60세 되던 해에 할머니는 트럭에 치여 다리를 다치셨는데, 트럭 운전기사가 할머니를 병원에 모시고 갔다. 병원에서 당직이었던 외과의사는 앞뒤 생각 없이 할머니의 다리를 잘라버렸고, 이에 따라 할머니는 장애인이 되었다. 그때 할아버지는 할머니의 잃어버린 다리를 대신하여 도끼로 나무를 잘라서 의족을 만들어주셨다. 의족이 너무 무거웠는데도 할머니는 그것을 다리의 남은 부분에 달고 다니셨다. 할머니는 가끔 밖에 나와 마당에 있는 의자에 앉곤 하셨다. 바로 옆 5층 아파트에서 살고 있는 할머니들도 와서 앉으셨다. 할머니는 러시아어를 모르셨지만, 몸짓으로 이야기하시면서 다른 분들과 잘 어울리셨다. 얼마 안 되어 할아버지는 돌아가셨고, 할머니는 자신을 보살피면서 86세까지 사셨다. 자유롭게 움직이지 못하셨기 때문에 집에서 수공과 재봉 일을 하셨다.

  할머니는 각양각색의 천 조각으로 다양한 물건을 만들 수 있는 재봉틀을 갖고 있었다. 우리 친척들이나 친구들은 재봉하고 나서 남은 여러 색깔의 조각들과 입지 않는 옷 그리고 헌옷을 할머니께 가져다드리곤 했었다. 할머니는 이 조각의 닳아빠진 끝을 단단하게 묶고 다양한 반제품 형태를 만드셨다. 그리고 각양각색의 조각들을 리본으로 짜서 만들며, 그것을 비틀어서 롤 형태로 말았다. 이 반제품들의 색상, 형태 그리고 크기가 정해져 있었다. 할머니는 이 반제품들을 사용하여 의자에 깔 원형이나 직사각형, 또는 정사각형의 방석을 만드셨다. 그리고 친한 친구들이나 손님들에게 이 방석들을 선물로 주는 것을 좋아하셨다. 가끔 나는 누군가의 집을 방문할 때 우리 할머니가 만든 방석들을 보게 된다. 그때마다 머리에 숄을 쓰고 재봉틀로 아주 예쁜, 주옥같은 물품을 만들고 있는 할머니의 다정한 모습이 선하게 떠오르곤 한다.

아버지의 성함은 최동석이고 1921년에 태어나셨다. 아버지가 3살 때 부모님이 돌아가셨고 먼 친척들의 밑에서 자랐다. 제2차 세계대전이 발발하자 아버지는 강제노동에 동원되셨고 툴라산 탄광에서 일했다. 아버지는 노동자들이 전선에 있었을 때 그들을 탄광에서 못 나가게 하였기 때문에 탄광에서 포탄 터지는 소리만 들었다고 하셨다. 아버지는 군대에서 결핵에 걸려서야 제대할 수 있었다. 그때 아버지와 같이 노력동원에 징집되었던 어머니의 외사촌이 아버지와 같은 탄광에서 일했다. 노력 전선에서 제대한 후 아버지는 외사촌과 함께 조부모와 형제들이 살고 있는 'OSO' 콜호스로 돌아왔다. 어머니의 외사촌 밑으로는 여동생이 1명 있었는데, 외사촌은 자기의 여동생과 우리 아버지가 혼인하는 것을 원했다고 한다. 하지만 아버지는 한 번 본 우리 어머니에게 마음이 끌려 어머니와 결혼하고 싶어 했다. 그래서 어머니 집에 혼인 허락을 받으러 가셨고, 어머니의 부모님은 결혼을 허락해 주셨다. 당시 어머니는 17살이었고 결혼하고 싶지 않았다고 한다. 그래서 어머니를 불렀을 때 어머니는 머리끝에서 발끝까지 물에 젖은 상태로 남자 앞에 나타났다고 한다. 하지만 그 당시 부모들의 말이 자식들에게는 곧 법이었다. 그리하여 소박한 결혼식을 거행하게 되었다. 결혼식 밥상에는 사모곤(술)과 정직한 농부의 음식물이 있었다.

  아버지는 회계사였다. 아버지의 건강이 안 좋으셨기 때문에 남자들이 해야 할 모든 일을 어머니가 도맡아 하셨다. 어머니는 요리와 제과 제빵 등 여러 가지 일을 하셨다. 여자 농업 노동자들이 콜호스에서 일했을 때 어머니는 무거운 가마니를 직접 싣고 내렸다.

  나는 어린 시절을 우슈토베에서 보냈다. 그때 우리는 유치원에 대해서 몰랐다. 어머니와 아버지는 직장을 다니셨다. 집에서 우리를 언니가 돌봐주었으며 우리와 점심을 먹으러 오신 아버지에게 밥을 해드렸다. 언니는 나와 여동생의 옷을 세탁해 주기도 하고 옷을 꿰매주기도 했다. 우리는 여름 동안 맨발로 다녔고 관개수로에서 씻고 가끔 집에서 가지 말라고 하는 운하에 가곤 했었다. 나는 우슈토베에 있는 15호 초등학교에 다녔다. 겨울에 수업이 끝나면 우리는 썰매놀이를 하고 스케이트 타며 하루 종일 밖에서 지냈다. 학교 바로 옆에는 겨울에 물에 잠기면 얼음판이 되는 운동장이 있었다.

  쉬꼴라 7학년 나는 청년 동맹 단원이 되었다. 그때 우리 가족은 언니가 졸업하고 가서 자리 잡은 알마티로 이사했다. 나는 알마티 고등학교로 옮겼다. 나는 공산 청년 동맹에서 문화 관련 일도 했다. 학교에 다니면서 나는 알마티를 둘러싸고 있는 톈산 여행, 캅차카이 호수 여행을 하고 극장, 영화관을 가며 좋은 추억을 갖게 되었다.

어느 날 길을 가다가 우슈토베에서 같이 학교 다녔던 친구를 만났다. 그녀는 설날을 같이 보내자고 권했다. 거기서 나는 젊은 고려인 남자를 만났다. 파티가 끝나고 나서 3명이 같이 우리 집에 왔다. 어머니는 한국어로 말하는 남자를 보며 놀라셨다. 그가 그다음 날 우리 집에 왔을 때 어머니는 그에게 왜 왔냐고 물었다. 그는 "따님하고 결혼하고 싶습니다."라고 대답했다. 어머니는 "어머님 오시라고 하세요."라고 말씀하셨다. 그다음 날 그 남자의 부모님이 오셨다. 그때 나는 18살이었다. 어머니는 그분들을 이미 다 알고 계셨다. 남자의 고모 중 한 명이 어머니의 친구분이셨다. 결혼에 대해서 생각조차 못 했던 나는 18살에 김 유리 알렉산드로비치와 결혼을 했다.

결혼 후 우리 사이에는 딸 3명이 태어났다. 모두 성장하여 대학을 졸업했고 전문가로 성공하였고, 결혼해서 행복하게 살고 있다. 그리고 나에게 4명의 손녀를 선물했다. 그중 21살의 큰손녀인 야나는 비즈니스 아카데미를 졸업하고 직장에서 일하고 있다. 그녀의 남자 친구는 결혼하자고 프러포즈했다고 한다. 곧 좋은 소식을 듣게 될 것 같다.

나는 지금 정년퇴직을 했지만, 카자흐스탄 고려인회에서 일하고 있다. 안타깝게도 남편은 중병에 걸려서 2009년에 돌아가셨다. 그분과 함께 보낸 시절이 좋은 추억으로 남아 있다. 나의 젊은 시절, 대학 시절, 그리고 내 인생 모든 것이 그분과 연관되어 있다.

부모님은 우리에게 정직하고 서로 도우며, 갖고 있는 것을 귀중히 여기고 다른 사람을 부러워하지 말라고 가르치셨다. 부모님은 우리를 같은 도시에 모아 가까이 살 수 있게 하셨다. 둘째 오빠가 소련 개편 정책 시기에 미국으로 이민 간다고 했을 때 어머니는 낙담했고 오빠에게 너무 심한 말씀을 하셨다. 하지만 부모님이 우리에게 투자한 모든 것들이 둘째 오빠에게 넘겨졌다. 어머니가 최근 몇 년 동안 와병 중일 때 오빠는 매년 한 달의 휴가를 이용하여 미국에서 날아와 어머니와 함께 보냈다.

우리 친척들 모두는 알마티에 거주하고 있다. 알마티는 우리 형제들이 교육을 받은 곳이며 직장도 다녔던 곳이다. 그리고 지금도 직장생활을 하는 삶의 터전이다. 우리는 어린아이에서 어른들의 생일까지의 모든 잔치 및 명절들을 지내고 있다. 우리는 모두가 모여 낚시 여행, 호수 여행, 등산 등을 함께 한다. 휴가 때면 가족끼리 부라베이 호수나 이식쿨 호수로 단체 가족 여행을 자주 간다. 가족이 모일 때면 풍요로운 밥상이 차려지는데 그것은 가족 모두를 즐겁게 하며 친밀한 교제가 이루어지게 한다.

카자흐스탄은 내가 태어나기 전 여러 나라의 사람들이 자기가 살던 고향에서 쫓겨나 귀양 왔던 곳이었다. 그 당시 카자흐스탄은 인구 밀도가 희박했고 소련 연방에 속한 가난한 나라였다. 역사에서 알려져 있듯이 이곳에 최초로 강제 이주를 당해온 사람들은 '고려 사람'들이었다.

어떠한 죄도 없이 이곳에 강제로 실려 온 우리 조상들은 이곳에서 살아남았을 뿐만 아니라 황무지와 같은 땅을 쌀과 밀이 잘 재배되는 풍요의 땅으로 만들었다. 이곳은 우리가 태어나 자랐고, 가정을 이뤘고, 행복을 누리며 살게 한 곳이다. 우리의 자식들도 이곳에서 자랐는데, 우리 손자들도 우리 삶의 방식을 따를 것이다. 우리의 조상들을 받아들여 감싸준 이 땅은 우리에게 생명과 양식 그리고 안식처를 주며 양성해 준 곳이다. 그래서 카자흐스탄은 우리의 땅이며 고국이 되었다.

우리는 카자흐스탄에서 유명한 고려인들이 자랑스럽다. 우리 고려인은 학문, 의학, 문화, 스포츠, 생산 산업, 교육, 재정 같은 많은 분야에서 두각을 나타냈다. 고려인들은 높은 수준의 교육과 노동능력, 그리고 맡은 일에 대한 강한 책임감으로 건축, 건설, 산업, 농업 분야에 특별하게 이바지한 것으로 알려져 있다. 고려인들은 강제 이주를 당해 많은 고난과 역경을 겪으면서 타민족이면서 카자흐스탄에서 인정받고 존중받는 민족이 되었다. 꾸준한 노력과 높은 수준의 교육으로 성과를 거둘 수 있다는 것을 우리의 조상들이 보여주었다. 나는 우리의 후손들이 조상의 이러한 정신과 노력을 본받아 이 땅에서 카자흐 국민으로서 카자흐 국가 발전과 함께 조상의 모국인 한국의 발전에도 이바지하는 사람이 되기를 소원한다.

한 스베틀라나 막시모브나

나는 1953년 7월 8일 크질오르다주 잘라가슈 마을에서 태어났다. 나의 아버지 한 막심 이바노비치는 1912년 프리모르스키 지방의 니콜라옙스크시에서 태어났다. 어머니 안 프라스코비야 이바노브나는 1919년 프리모르스키의 보로실로브시(우수리스크의 옛 이름)에서 태어났다. 나의 부모님은 1937년 소련 스탈린의 강제 이주 정책에 의해 카자흐스탄으로 추방당했다.

우리 고려인들은 평생을 다양한 민족들과 함께 연합공동체로 불리는 소비에트의 국민으로, 하나의 가족으로 살았다. 여기에서는 러시아인처럼 사는 것이 보편화되었다. 당연히 소비에트라고 불린 러시아어, 러시아 문화, 러시아의 전통들이 지배했다. 이 사회에서는 자기 민족 언어로 말하는 것과 민족 전통을 지나치게 강조하는 것은 장려되지 않았다. 따라서 우리는 러시아어와 문화, 전통을 완전하게 습득하게 되었고 반면에 우리의 문화와 전통, 언어를 잊어버리게 되었다. 나는 카자흐스탄 사람들과 어울리면서 한국말보다 카자흐 말을 더 알게 되었다.

나의 어린 시절을 희미하게 기억한다. 아버지는 군에 계셨고 우리는 다른 지역으로 자주 이사했다. 이사 다니는 곳에는 어도비 벽돌로 지은 집들이 있었고, 좋은 길이나 포장도로는 없었다. 어디에나 모래와 황무지가 있었고, 땅이 가뭄으로 갈라진 타키르(아무것도 없는 땅)가 있었다. 시골에 살던 우리 가족은 1955년 크질오르다시로 이사했다. 우리 가족은 3명의 언니와 3명의 남자 형제가 있었는데, 오빠 한 명은 어릴 때 죽었다. 나는 셋째 딸로 태어났다. 집안일과 어린 동생들을 돌보는 것이 내 일이었다. 아버지는 계속 파견을 나가셨고, 어머니는 직장에, 언니 오빠들은 학교에 있어서 나는 어린 남동생들과 함께 항상 집에 남겨졌다. 그러나 우리는 좋은 카자흐인 이웃들이 있어서 자주 이웃집에서 아이들과 어울려 지냈다.

1960년 나는 초등학교에 입학했다. 학교에서 새 친구들이 생겼고 나는 체육을 좋아하여 체조에 몰두했다. 다른 한편으로 나는 노래 부르고 동화책 읽기를 좋아했다. 러시아의 옛이야기와 세계 여러 나라 동화책을 많이 읽었다. 또 《셜록 홈스》와 같은 코난 도일의 탐정소설을 좋아하게 되었다. 지금도 이 유명한 탐정에 대한 영화를 즐겁게 본다.

1970년 나는 학교를 졸업하고 1972년까지 노보시비르스크시의 언니 집에서 지냈다. 그리고 크질오르다에 있는 부모님께로 돌아와 고등사범학교에서 공부하면서 교화소의 특별 세션 부서에서 일하기 시작했는데, 1975년 나는 평생 운명을 같이할 사람을 만났다. 나의 남편이 될,

서 펠릭스 알렉세예비치를 만난 것이다. 우리는 1년간 사귄 후 1976년 결혼을 하고 37년을 함께 살고 있다.

우리 부부는 크질오르다주의 내무부에서 같이 일했다. 나는 교사가 직업이었지만, 처음에는 내무부의 비서실에서 일했고, 그다음에는 재정부서의 회계원으로 일했으며, 그 후 급여부서의 감독관으로 일했다. 1977년 우리는 예쁜 딸 나타샤를 낳았고, 1980년에는 아들 유리를 낳았다. 지금 딸은 '프타 은행'에서 일하고 있으며, 아들은 사업을 하고 있다.

1997년 4월 말, 아들이 병이 나서 알마티로 이사 와서 지금까지 살고 있다. 젊은 시절에는 모든 시간을 일하거나 가족과 아이들을 돌보는 데에 썼다. 남편은 군인이라는 직업 때문에, 집에 들어오지 않는 날이 많아 내가 집안일을 떠맡았다. 다른 이들에 대해 생각할 시간이 없었지만, 나는 우리 조상들의 문화와 전통에 대한 지식을 어디에 가면 얻을 수 있을 것인가에 대한 생각은 많이 했다. 왜냐하면 윗세대들이 점점 세상을 떠나고 있고, 곧 우리가 그분들을 대신할 것이기 때문이다. 나는 정말 내 고향의 언어를 알고 싶었지만, 부모님이나 나의 주변 사람들과 항상 러시아어와 카자흐어로 소통해야만 해서 내 뜻을 이룰 수 없었다. 2006년 나의 아들이 카자흐인 여자와 결혼했고, 3년 후에는 사랑스러운 손자 '잔'이 생겼다.

2012년 3월 1일 우리는 카자흐스탄 독립유공자후손회 회장인 게 니콜라이 씨로부터 한국교육원 강당에서 진행하는 삼일운동 기념행사에 초청장을 받아 참석했다. 여기에서 우리는 조상의 나라 한국이 일본의 침략을 받아 나라를 빼앗겼고, 독립을 위해 투쟁하게 되었다는 것을 알게 되었다. 행사가 끝난 후 고려인을 위한 노인대학을 교육원에서 시작한다는 소식을 들었다. 그 대학에서 한국말과 문화, 그리고 한국 역사를 배우게 될 것이라고 했다. 이 소식을 들었을 때 나는 귀가 번쩍 띄었고 드디어 내가 배우고 싶었던 한국어와 한국의 역사를 공부할 수 있게 되어 너무나 반가웠다.

2012년 3월 14일 수요일 고려인 노인대학 수업이 시작되어 참석했다. 수업에서 우리는 잊고 있었던, 멀게 느껴졌던, 알지 못했던 조상의 나라 한국에 대해 배우게 되었다. 오늘날의 변화된, 그리고 성공한 한국에 대해 자세히 알게 되었다.

짧은 기간에 한국은 전자 분야, 기계조작 분야, 선박 건조, 건축 그리고 여러 분야에서 세계를 선도하는 선진 강국 중 하나가 된 것을 알게 되었다. 여기 이 수업에서 이때까지 그림이나 영화에서만 보았던 아름다운 한국 전통의상인 한복을 직접 보았고, 입어보기까지 했다. 우리는 고국의 역사와 함께 한국의 문화, 전통을 알게 되었다. 우리는 한국 감독이 만든 예술 영화들과 한국에 대한 다큐멘터리도 보았다.

물론 우리 고국의 언어인 한국어를 단시간에 완전히 내 것으로 만들지는 못했지만, 한국에서 오신 선생님으로부터 한국어를 듣는 것이 너무 좋았다. 우리 자녀들을 위해서도 이러한 수업이 개설되었으면 좋겠다.

나는 한국 전통음식인 김밥, 김치, 비빔밥, 잡채 등 여러 음식을 만드는 법을 배웠다. 마치 진짜 한국 집에 잠깐 들른 것 같은 느낌이 들었다.

우리는 두 학기 수업을 마치고 2013년 5월 역사적인 고향인 한국을 11일 동안 방문하였다. 고국에서 내 눈으로 직접 본 것을 말로 표현할 수가 없다. 한국은 정말 경탄할 만한 대단한 나라임을 똑똑히 체험했다. 아름답고 청결한 자연환경과 곧게 뻗은 도로, 어디서나 모든 곳이 아늑하고 친절하고 항상 웃는 사람들을 잊을 수가 없다. 이것은 모두 한국인의 근면함과 조국에 대한 충성심 덕분이라고 생각한다. 나는 내가 한국 민족이고 세상에 이런 사랑스러운 나라가 있다는 것이 너무나 자랑스럽다. 2013년 8월 남편과 함께 친척들을 불러 공동기념일을 보냈다. 이 모임에서 우리는 한국에서 선물로 준 한국 전통의상인 한복을 처음으로 입어보았다.

요즘 카자흐스탄에 살고 있는 고려인들은 우리 고유의 언어와 문화, 자주성을 부흥시키기 위해 노력하고 있다. 많은 문제와 복잡성 가운데 가장 중요한 문제는 우리 고유 한국어를 대부분 알지 못하며, 한국 문화와 전통을 잘 알지 못한다는 것이다. 후손들에게 이렇게 이야기하고 싶다.

"고유 언어인 한국어를 공부하세요. 그리고 전통 설날과 3·1절, 8·15 광복절, 11·17 순국선열의 날과 같은 한국의 큰 명절과 행사에 모두 참

여하세요. 결정은 각자가 하지만, 모든 한국의 문제는 한국인들이 스스로 해결해야 하므로 꼭 참석하세요."

현 잔나 미하일로브나

나는 1952년 7월 22일에 크질오르다주의 튜멘아리크에서 태어났다. 부모님은 집단농장에서 일하셨다. 부모님은 강제 이주를 당해 프리모르스키 그라이로부터 이곳으로 오게 되었다. 어머니는 많이 공부하지 못하였다. 어렸을 때 친척으로부터 편지가 오면 말의 끝을 길게 늘여서 읽었던 것을 기억한다.

나는 집안에서 늦둥이였다. 왜냐하면 부모님의 두 번째 결혼으로 태어났기 때문이다. 나에게는 이복 언니가 있는데 나보다 20살이나 많다. 외할아버지에 대한 것은 잘 기억하지 못한다. 내가 3살 되던 해에 가족들이 일자리가 있는 도시인 잠블주 카라타우로 이사 왔다. 그때 그곳은 산에 있는 광석공장에서 인회토 개발과 채취가 되고 있었다. 이 소도시는 빠르게 발전했으며 다른 소비에트 지역의 노동자와 전문가가 다니기 시작했다. 그리고 도시 주위에 작은 위성도시들이 생기기 시작했다. 학교가 건축되었고 병원과 영화관이 들어섰다. 부모님은 수박이나 참외 등을 재배했는데 이른 아침부터 늦은 저녁까지 밭에서 일하셨다. 우리는 이웃 아이들과 온종일 거리에서 시간을 보냈다.

어린 시절 나에게는 장난감이 없었는데 어느 날 어머니가 걸레 조각으로 뜨개질해서 인형을 만들어주셨다. 어렸을 때의 일 중에 나에게 정말 특별한 감동이 하나 있었다. 콕세타우 주에 살던 언니가 소포를 보내왔다. 그 안에는 나를 위한 꽃무늬 원피스가 있었고, 예쁜 갈색 구두가 있었다. 나는 그 구두를 껴안고 이불 속에서 함께 잠이 들었다. 구두와 떨어지기 싫었다.

1959년 7살이 되자 학교에 가게 되었다. 도시에 '카를 마르크스'라는 이름의 4층짜리 새 학교가 문을 열었다. 나는 1A반에 들어갔다. 10년 동안 학교에서 공부했다. 우리 반에는 러시아인, 우크라이나인, 벨라루스인, 독일인, 그리스인, 유대인, 오세트인, 아르메니아인, 카자흐인, 고려인 등 다양한 민족들이 있었다. 우리 학교 교장은 타마라 이바노브나 말체바 선생님이었다. 그녀는 매우 착하고 좋은 사람이었다. 아이들은 그녀를 매우 존경하고 따랐다. 나는 알파벳 하나도 모르고 입학했는데 알파벳 읽기가 정말 어려웠다. 수학이 쉬웠다. 그리고 5학년 때부터 영어를 공부하게 되었는데 영어는 내가 가장 좋아하는 과목이 되었다. 나는 화학도 좋아했는데, 과학실에 있는 멘델레예프의 표와 실험들이 좋았다. 화학 선생님인 유가이 니나 예메리야노브나는 고려인이었다. 수업 시간마다 이렇게 말씀하셨던 것을 기억한다.

"사람이 하는 모든 일에 화학이 있다."

2009년 가을에는 졸업 40주년 기념 동창회가 열렸다. 이 동창회에서 과학 선생님이던 니나 예메리야노브나를 만날 수 있었다. 그녀는 당시 75살이었지만 활동적이었고 명랑했고 모임의 회장을 맡고 있었다. 베라 레빨롭스까야는 사랑받는 나의 담임 선생님이었다. 선생님은 톰스키 국립대를 졸업했고 톰스크에서 살았다. 그녀의 말들은 따뜻하고 좋았다. 그리고 훌륭한 수학 선생님인 올가 페도로브나 이바쇼바도 기억난다.

나는 학교 다닐 때 레프 니콜라에비치 톨스토이를 좋아했다. 그의 소설 《전쟁과 평화》, 《안나 까레니나》, 《부활》 등을 여러 번 읽었다. 우리 반에는 훗날 뛰어난 수학자가 된 볼로댜 셰인이 있었다. 그의 아버지는 광석 제련공장의 사장이었다. 그분은 우리 반을 물심양면으로 후원해 주셨는데, 등산이나 여행을 갈 수 있도록 도와주셨다. 사장님께 받은 가장 큰 선물은 1968년 여름 10일간의 모스크바 여행이었다. 이 여행은 시골의 아이들에게는 잊을 수 없는 황홀한 감정과 기쁨을 주었다. 붉은 광장, 크렘린, 국영 백화점, 모스크바 국립대학교 캠퍼스, 푸시킨 예술박물관, 보론초비 농가박물관 등을 방문했다. 나는 얼마 전 새해 전야에 아들과 모스크바를 방문했다. 러시아는 새해를 번쩍번쩍하고 빛나는 밝은 빛 속에서 맞이한다. 그러나 그런 밝음도 내가 어렸을 때 모스크바에서 보았던 황홀경과는 비교가 되지 않는다. 어린 시절과 젊음은 우리 세대에 있어서 정말 행복 그 자체였다.

1969년 학교 졸업 후 나는 옴스크에 있는 기술대학교의 그래픽아트 생산공학과에 입학했다. 옴스크는 북쪽의 이르티시강 옆에 있는 아름다운 도시다. 그곳에서의 5년은 정말 빠르게 지나갔다. 나는 기숙사에서 살았는데 4명이 한방을 썼다. 내 룸메이트들은 러시아 여자들이었는데 그들은 파블로다르와 톰스크에서 왔다. 우리는 바로 친해졌다. 식료품을 사 왔고 저녁을 만들었다. 그들은 무엇이든 좋으니, 아시아의 음식을 만들어달라고 했다. 나는 쁠롭(우즈베키스탄식 볶음밥)을 만들었다. 다른 애들은 겨울이 되면 집에서 항상 얼린 뻴미니(중앙아시아의 작은 물만두)를 가져왔다. 아직도 그 시절 그 음식 맛이 기억난다.

대학교를 졸업한 후에 나는 키르기스스탄 프룬제시에서 일을 하게 되었다. 그 지역의 그래픽아트 공장에서 나는 생산 전문가로 일했다. 처음에는 일하는 것이 쉽지 않았다. 내가 그동안 살던 곳과는 정말 다른 환경이었다. 무언가 자기 뜻대로 되지 않을 때 노동자들은 험악한 말을 하였다. 하지만 점점 일해나가며 힘든 노동에 익숙해졌다.

나의 남편인 텐 발레리 아나톨리에비치와 만나게 된 것은 어떤 파티에서였다. 그는 내게 춤을 신청했다. 그는 키가 크고 매력적인 남자다. 우리는 이야기를 많이 나눴다. 그는 대학교의 마지막 학기를 보내고 있었다. 그는 대학을 졸업하고 치타로 가서 일했다. 우리의 편지 연애가 시작되었다. 후에 그는 키프카스로 직장을 옮겼다. 1976년 가을 휴가 때 그를 찾아갔다. 그렇게 우리의 본격적인 사랑의 이야기가 시작되었다. 마침내 우린 혼인신고를 하고 그가 사는 곳으로 이사했다. 1978년

첫아들을 낳았고 그해에 프룬제로 다시 이사했다. 나는 일을 해야 했기에 아이가 두 살 되었을 때 유치원에 보냈다.

나는 '키르기스스탄'이란 출판사의 생산 부문 전문 기술자로 일했다. 예술적이고 학술적인 다양한 종류의 책을 출판했다. 특히 징기즈 아이트마토프의 《다음 세기에도 세계는 존재할 것인가》, 《단두대》 등의 세계적인 문학작품도 출판했다. 1986년 말 나는 출판사로부터 방이 3개가 있는 협동조합 아파트를 받았다. 그전까지 우리는 부모님의 집에서 11명이 살았다. 그 무렵 우리는 둘째를 낳았다. 우리가 아파트를 받은 직후에 집에는 침대밖에 없었다. 큰아들은 남편이 직접 손으로 만든 책상에서 공부했다. 이 무렵에 남편과 상의해서 퇴직하고 농사일을 했다. 이것으로 나의 전공과 관련된 직업이 끝났다. 이후 10년간 카자흐스탄에서 일을 했다.

소비에트 붕괴 직후에는 정말 힘든 날들이 계속되었다. 땅에서 일하는 것은 모두 의미가 없게 되었다. 어디에나 강도들의 금품 탈취나 협박이 있었다. 우리에게도 찾아와 일을 그만두라고 협박했다. 그래서 사업을 하기 시작했다. 중국으로부터 물품을 가져왔고 다음엔 UAE(아랍에미리트)로부터 물건을 가져왔다. 사업 덕분에 살림은 눈에 보일 정도로 좋아졌다. 그러나 키르기스스탄에서의 환경은 안정적이지 않았다. 2005년 튤립혁명이 일어났다. 정치의 불안으로 인해 거주지를 옮기기로 했다. 우리가 태어난 카자흐스탄으로 다시 돌아오게 되었다. 그리고 2011년 여름 최종적으로, 알마티로 이사 왔다. 현재 나는 연금 수령자이다. 남편은 아직 연금을 받을 나이가 되지 않았다.

한국교육원에 있는 노인대학에 다니는 것은 우리의 행복이다. 이곳에서 우리 민족의 문화와 전통, 관습 그리고 언어를 잘 알고 있는 새로운 친구들을 사귀었다. 1년의 교육을 마친 우리가 조상의 나라 한국을 여행하게 된 것은 우리 일생에서 잊을 수 없는 추억이고 행운이다. 한국인들은 그들의 손으로 기적을 만들었다. 이것은 민족의 고향에 대한 애국심에서 나오는 끝없는 사랑의 결과이며 따뜻한 감정이다. 이것은 돈으로 살 수 없다. 러시아 문학의 대문호가 말한 것처럼 '삶은 헛되이 사라지지 않는다.'라고 생각한다.

"매일 최선을 다하면서 살고 이전의 삶을 바라보면 후회하지 않는다."

- 오스트롭스키(Н. Острвоский)

우리 고려인 노인 세대의 사명은 자식과 손자들에게 문화, 전통, 관습, 역사적 뿌리를 잃지 않게 하는 것, 자주성과 동일성을 전달하는 것이다. 큰아들 안드레이의 가족은 키르기스스탄에 살고 있는데 며느리 아이다가 비슈케크 한국어교육원에서 한국어를 공부하고 있다. 작년 9월 며느리는 아이들 2명을 한국에 데리고 가서 한 달 동안 지내다 왔다. 며느리의 사촌이 키르기스스탄 국립민족대학교 동양어학부를 졸업하고 서울의 병원에서 통역사로 일하고 있다.

고려인
그 슬프고도 아름다운 이야기

초판 발행	2025년 8월 30일
지은이	김정복
발행처	문학秀출판
발행인	이영자, 이택화
책임 편집	노용제
편집	정숙향
편집디자인	서용석
제작	정은
등록	제2021-000050호(2021. 4. 15)
주소	04558 서울시 중구 창경궁로 1길 29, 303호
전화	02-2272-3504, 8807
팩스	02-2277-1350
전자우편	munhak2020@daum.net
ISBN	979-11-978432-6-6 (03810) 책값은 뒤표지에 있습니다.

* 잘못된 책은 구입한 곳에서 바꾸어 드립니다.
* 저자와 출판사의 서면 동의 없는 무단 전재 및 복제를 금합니다.